뇌는 어떻게
변화를 거부하는가

Aufbruch : Warum Veränderung so schwer fällt und wie sie gelingt
by Stefan Klein

인류가 나아지지 못하는 7가지 이유와

그럼에도 나아질 수 있는 방법

뇌는 어떻게 변화를 거부하는가

슈테판 클라인 지음 유영미 옮김

Aufbruch

어크로스

차례

1부

우리의 뇌는 모순적이다

1장

화산을 떠나지 못하는 사람들

공자는 "옳은 것이 무엇인지 알고도 행하지 않는 것은 용기가 부족해서"라고 했다. 맞는 말이지만, 그리 간단한 문제는 아니다. 오래전 카리브해의 몬트세랫을 방문했을 때, 인간의 불합리한 고집이 어떤 결과를 초래하는지를 목격하고 정말 충격을 받은 적이 있다. 몬트세랫은 파라다이스라고 할 만한 조건들을 두루 갖춘 작은 섬이다. 맑은 바다는 짙푸른 빛으로 반짝이고, 한적한 해변에는 야자수가 드리워져 있다. 수풀이 우거진 곳에는 인심 좋은 사람들이 살고 있고, 나뭇잎들 사이에선 샛노란 깃털을 가진 희귀한 찌르레기가 노래한다. 오랫동안 몬트세랫은 록스타들의 은밀한 작업실이었다. 롤링스톤스와 스팅, 마이클 잭슨과 엘튼 존은 스튜디오 녹음을 위해 이 섬을 찾곤 했다.

몬트세랫에는 화산도 있다. 1997년 6월 내가 몬트세랫을 방문한 이유는 화산학에 대한 글을 써달라는 한 언론사의 의뢰 때문이었다. 이런 글을 쓰기에 1000미터 높이의 수프리에르힐스보다 더 좋은 화산은 없을 터였다. 화산학자들은 수프리에르힐스가 세계에서 가장 활발한 화산이라고 알려주었다. 게다가 나는 언제 폭발할지 모르는 화산의 발치에서 살아가는 사람들의 모습도 궁금했다. 2년 전 화산 폭발이 일어나 몬트세랫의 수도인 플리머스가 화산재로 완전히 매몰됐는데, 주민들은 다행히 제때 대피해 큰 화를 면했다.

나와 동행한 사진작가는 주민들이 다 떠나버린 플리머스를 촬영하고 싶어 했다. 그래서 우리는 허가를 받아 플리머스로 향했다. 우리가 탄 지프차 뒤로 유황 냄새를 내뿜는 먼지구름이 높게 일었고, 마을에 가까워질수록 자꾸만 기침이 나왔다. 유독한 화산재가 폐를 자극한 탓이다. 목적지에 다다르자 세상이 종말하면 이런 풍경일까 싶을 정도로 처참한 광경이 눈에 들어왔다. 거리는 용암 덩어리들에 묻혀 있었고, 집들은 대부분 무너져 있었다.

우리는 이 폐허 속에 우리만 있다고 믿었다. 플리머스는 황폐화되고 오염되었을 뿐 아니라, 언제든 다시 화산이 폭발한다면 직격으로 영향을 받을 터였다. 그래서 정부는 이곳에서 체류할 수 있는 시간을 아주 짧은 시간으로 제한했다. 그런데 폐허 사이로 사람들이 움직이고 있었다. 우리는 눈을 의심하지 않을 수 없었다. 한 노인이 기름통 위에서 점심을 준비하고 있었고,

허물어져가는 집 앞에서는 젊은 여인이 늙은 여인을 씻기고 있었다. 과거 시내의 중앙광장이었던 듯한 빈터에서는 20여 명의 남녀가 잿더미 위에 앉아 수다를 떨고 있었고, 그들 곁에서 몇몇 아이들이 유독성 먼지를 마시며 놀고 있었다. 사람들은 우리에게 별 신경을 쓰지 않았다. 그들은 여기서 무얼 하고 있는 걸까? 금지구역에 잠시 들어와 있는 것 같지는 않았다.

우리는 폐허가 된 집의 문을 열고 들어가려는 여성에게 말을 걸었다. 그녀는 "우리는 여기서 살아요"라고 하더니 "들어오시겠어요?"라고 물었다. 그녀를 따라 깨진 창문으로 변변찮은 볕이 들어오는 어두운 공간으로 들어갔다. 그곳엔 좁은 더블침대, 작은 테이블, 의자 두 개가 있었는데 모두 화산재로 뽀얗게 덮여 있었다. 정부가 섬 북쪽의 안전한 지역에 새로운 거처를 마련해주었는데, 왜 그곳으로 옮기지 않는 것일까? 우리의 질문에 차를 끓이던 그녀는 "여기가 우리 집이에요"라고 답했다. "난 여기서 태어났고, 계속 여기서 살았어요. 그리고 여기서 죽을 거예요."

예정된 비극

이틀 뒤 전조증상도 없이 화산이 폭발했다. 지금까지의 모든 분출보다 훨씬 더 강력한 분출이었다. 몇 킬로미터 위까지 연기 기둥이 치솟았고, 수프리에르의 분화구에서 작열하는 화쇄류(뜨거운 연기와 암석, 화산재가 뒤섞인 치명적 혼합물)가 골짜기로 쏟아져 내렸다. 아직 금지구역에 체류하고 있는 사람들을 구조하기 위해 헬리콥터가 떴다. 화쇄류가 플리머스로 밀려드는 동안, 영국 해군 함정들도 앞바다로 출동했다. 몬트세랫이 영국의 속령이기 때문이다. 해군 병사들은 마을에 남아 있던 사람들을 배로 대피시켰다.

며칠 후 주민들을 모두 섬의 북부로 이송한 뒤에도 헬리콥터는 여전히 날아다녔다. 옛집으로 되돌아가고자 길을 나선 사람들을 수색하기 위해서였다. 구조자들이 뜨거운 재를 밟으며, 좁은 산길을 따라 화산 아래에 있는 자신의 집과 고구마 밭으로 향했기 때문이다. 그들은 몬트세랫이 노예들을 해방시켰을 때 자기 조상들이 할당받은 땅으로 돌아가고자 했다. 섭씨 600도에 이르는 뜨거운 용암으로 뒤덮여버렸는데도 그 땅을 포기하지 않으려 했다. 그들은 공자가 올바른 행동의 전제조건으로 본 용기만큼은 부족하지 않았다.

헬리콥터 착륙장에서 사진작가와 나는 재차 구조된 사람들이 헬기에서 내리자마자 어떤 행동을 하는지 지켜보았다. 혼잡한 가운데 군인들이 잠시 정신을 팔자, 그들은 몰래 빠져나가 또다시 자신들의 마을로 향했다. 화산의 뜨거운 열기로 콘크리트 건물마저 녹아버린 곳으로. 헬리콥터는 이 고집스런 사람들을 구해내고자 이착륙을 반복했지만, 시간이 갈수록 화물칸에서 시체가 담긴 자루를 끄집어내는 일이 점점 더 많아졌다.

비이성적인 건 그들뿐일까?

변화된 현실에 적응하지 못해 가망 없는 싸움에 목숨을 거는 사람들을 보면 고개를 저을 수밖에 없다. 이성적으로 말이 안 되는데도, 옛 생활로 돌아가고자 절망적으로 애쓰는 사람들에게 연민이 느껴지기도 한다.[1]

하지만 몬트세랫 주민들의 행동이 정말로 우리에게 낯선 것일까? 물론 우리는 재난으로 충격을 받은 상태도 아니고, 크나큰 아픔으로 이성을 잃을 지경도 아니다. 하지만 우리는 좀 더 온건한 형태로 날마다 현실을 부정하고 있다. 누군가는 다른 일을 할 수 있음에도, 힘들고 불만족스런 직장을 수년간 견디는 중일지 모른다. 누군가는 과거의 좋았던 상태로 돌아갈 수 있으리라는 실낱같은 희망을 부여잡고, 굴욕적인 관계를 감내하고 있을지 모른다. 삶을 바꾸라는 타당한 충고들을 한 귀로 듣고 한 귀로 흘려버린 적이 없는 사람이 과연 있을까? 우리는 운동을 더 많이 하고, 술을 덜 마시면 어떤 이점이 있는지 잘 알고 있다. 그래서 단단히 마음먹고 실행에 옮겨보지만 금세 예전의 습관으로 돌아가버린다. 그런 다음에는 아휴, 지금까지도 이렇게 살아왔는데 뭐 그리 나빠지겠어? 하며 스스로를 위로한다.

개인 차원에서도 이러한데 집단 차원에서는 어떻겠는가. 집단에 속한 사람들은 현실을 외면하는 경향이 훨씬 강하다. 어떤 조직에 깊숙이 몸담아본 사람은 이를 잘 알 것이다. 모든 기업, 공공기관, 스포츠클럽 등이 직면한 가장 어려운 과제는 시대에 맞춰 변화하는 일이다. '변화 관리'를 조언하는 컨설팅 기업들은 바뀔 준비가 되어 있지 않은 직원들, 회원들, 고객들이 새로운 프로그램에 흥미를 가질 수 있도록 애를 쓴다. 하지만 비싼 컨설팅 비용을 들인 것이 무색하게도, 기존 상황을 바꾸려는 프로젝트는 대부분 수포로 돌아간다. 전 세계 수천 명의 최고경영자를 대상으로 한 설문조사 결과, 종류를 막론하고 변화를 제안하는 계획의 70퍼센트 이상은 실패했다고 한다.[2]

그러니 세상이 지금까지 우리가 알던 바와 다르다는 사실을 느낄 때, 사람들이 양가적 반응을 보이는 것도 놀랄 일이 아니다. 우리는 변화의 징후들을 본다. 여름인데 나무들이 벌써 잎을 떨군다거나, 아이들이 챗봇에 질문을 입력해가며 숙제를 한다거나, 길거리에 젊은 사람들보다 나이든 사람들이 점점 더 많아지고 있다거나.

이제껏 당연하게 생각했던 것들이 앞으로는 당연하지 않으리라는 사실을 우리는 예감하고 있다. 정신을 차리고 새로운 길을 모색해야만 기후위기, 인공지능의 부상, 급속한 고령화, 우리 자신의 노화에 대처할 수 있음을 알고 있다. 우리는 지금 당연한 듯 여기는 풍요로움을, 지구상 80억 인구 모두가 누릴 수는 없다는 사실을 깨닫고 있다. 우리는 우리의 생존이 위험에 처해 있음을 두려워하고 있다. 미국 진화생물학자 재러드 다이아몬드의 말처럼 우리는 "50년 이내에 폭발하도록 설정된 시한폭탄들"에 둘러싸여 있기 때문이다. 우리의 세계를 몬트세랫의 화산에 비유하는 건 결코 과장이 아니다.

그런데도 우리는 플리머스 사람들처럼 변화에 저항하고 있다. 인류와 개개인이 변화에 마음을 열어야 할 이 시대에, 습관의 폭정이 우리를 지배하고 있다.

기후변화는 우리를 심란하게 한다. 우리는 날로 심해지는 기후재앙에 혀를 내두른다. 극한 호우로 곳곳에서 홍수와 침수가 일어나고 태풍도 잦아지고 있다. 이성적인 사람이라면 석유와 석탄 등 화석연료를 계속 사용할 경우, 머지않아 땅의 절반이 사막화되리라는 사실을 의심하지 않는다. 화석연료 연소로 인한 초미세먼지 때문에 매년 발생하는 사망자 수가 코로나 팬데믹 전체 기간 동안 사망한 사람의 수보다 많은 상황이다.[3] 기후변화 때문에 감염질병이 더 많이 확산되리라는 점도 분명하다.[4] 그래서 우리는 휘발유, 등유, 석유, 가스를 달가워하지 않는다.

우리가 싫어하는 많은 일들이 그것들의 여파로 빚어진 탓이다. 소음과 교통 체증은 어제오늘의 일이 아니고, 난방비는 급등하고 있으며, 공항의 대기줄은 엄청나게 길고, 여름철에는 폭염이 기승을 부린다.

우리는 가벼운 마음으로 이 모든 것과 작별할 수 있을까? 어쨌건 대안들이 있으니까? 하지만 반대다. 기후재앙에 대한 끔찍한 소식들이 들려오고 우리의 습관이 화를 부르는데도, 우리는 절대로 자동차나 해외여행, 냉난방을 포기하지 못한다. 생활방식을 바꾸어 더 행복해질 수 있다는 가능성을 전혀 고려하지 않는다.

우리는 변화를 피할 수 없음을 알고 있지만, 그럼에도 변화에 소극적이다. 생활방식을 바꾸어야 한다고 말하면서도, 지금은 그냥 이렇게 살고 싶어 한다. 불확실한 세상에서 우리는 이제까지의 습관을 굳건히 붙든 채 안정을 찾는다. 가라앉는 배에서 아직 물 밖으로 나와 있는 널빤지에 필사적으로 매달리는 사람들처럼, 습관을 부여잡고 포기하지 않으려 한다.

다음 장들에서는 이주민 문제나 우리 삶을 점점 파고드는 디지털, 그리고 고령화와 관련한 우리의 태도에 대해서 살펴볼 것이다. 사회뿐 아니라 우리 개인도 정체 상태에 빠져 있다. 우리는 주변 사람들에게서, 무엇보다 우리 자신에게서 이러한 현상을 목격한다. 우리는 기회를 알아차리고 붙잡는 일이 현명하다는 사실을 알고 있지만, 이는 그저 지식에 그칠 뿐이다. 우리는 옛 생활을 고수하기를 원한다.

많은 이유를 댈 수 있다. 늘 그렇듯 돈이 부족하다. 대체 사회가 왜 더 나아지지 못할까를 물으면 대부분 무능한 정치인이나 부패한 엘리트들, 자본주의의 결함 등을 탓한다. 그런데 이는 100퍼센트 진심은 아니다. 물론 그런 말들은 모두 사실이고, 그 누구도 부인할 수 없다. 하지만 한편으로는 이 요인들이 전부가 아니며, 가장 큰 장애물도 아님을 누구나 알고 있다. 분명히 뭔가 더 있다는 사실을 모두가 안다. 그렇다. 우리에겐 변화에 대한 피로감도 있고, 손해 보기 싫은 마음도 있으며, 지금 가진 것을 잃지 않을까 하는 두려움도 있다. 이는 문제가 외부 환경이 아니라 변화해야 하는 당사자들에게 있음을 보여준다. 사람들은 변화를 원하지 않는다. 이것이 중요하다. 변화는 사회적인 문제일 뿐 아니라 무엇보다 인지적 문제이기 때문이다.

왜 그럴까? 사람들은 흔히 상황 탓을 한다. 현재 상황이 힘들어서 변화가 쉽지 않다는 설명으로, 결국 외부 환경이 문제라는 논리다. 변화에 대한 피로감이나 손해에 대한 두려움을 원인으로 진단하기도 하지만, 그저 피상적으로 접근할 뿐이다. 이런 방식은 문제를 명확히 밝히기보다 흐릿하게 만들며, 무엇보다 문제를 가볍게 여기게끔 한다. 정체되어 있거나, 심지어 현실을 부정하는 사태가 생겨도 어려운 상황과 환경의 결과이므로 어쩔 수 없다고 받아들이게 된다.

변화의 전제

이 책은 변화를 거부하는 현상을 진지하게 다룬다. 변화에 대한 저항이 특정 상황 때문이 아니라, 우리 내면의 모순된 본성 때문임을 살펴보고자 한다. 호기심은 인류가 가진 가장 강력한 원동력 중 하나다. 그런데 인류는 새로운 것에 호기심을 갖는 한편, 새로운 것을 본능적으로 거부한다. 더 나은 삶을 동경하는 한편, 지금 이대로의 삶을 유지하고 싶어 한다.

변화를 원하지 않는 현상은 우리 시대만의 특징이 아니다. 이전 세대들도 새로운 것을 거부하거나, 기껏해야 양가적 태도를 보였다. 하지만 전 세계적으로 삶의 기반 자체가 위협받는 상황은 인류사에서 처음 있는 일이다. 우리에게 어느 정도의 변화쯤은 괜찮을지 묻는 것도 더 이상 의미 없다. 변화는 바야흐로 닥쳐오고 있기 때문이다.

상황이나 인간의 비합리성을 한탄해봐야 소용없다. 좋은 말로 설득하거나 경고하거나 강요하는 것도 별 도움이 되지 않는다. 인간의 본성을 무시하는 방법들은 오히려 저항을 강화시킬 뿐이다. 환경운동이 별 효과가 없는 것은 왜일까? 더 나은 세계를 만들고자 하는, 혹은 자신의 조직을 쇄신하려는 모든 노력들이 통하지 않는 이유는 뭘까? 인간의 본성을 잘 모르는 상태에서 노력들이 이루어졌기 때문이다.

사실 사회는 분명 변할 수 있는 능력을 지니고 있다. 생각해보면 베를린장벽이 무너지기 불과 1년 전만 해도 그 일이 가능하리라고 기대한 사람은 아무도 없었다. 또한 인류는 계속해서 수천 년 묵은 관습을 버리고 새로운 삶으로 나아가곤 했다. 노예제 폐지, 유럽 통합, 성평등, 성적 지향 평등에 이르기까지 다양한 혁신들이 이어져왔다. 이들 중 완결된 변혁은 아직 없다. 하지만 전에는 상상할 수 없었던 일들이 단기간에 이루어졌다.

심지어 인류는 전 세계적 협력도 실현해내고 있다. 모든 국가가 공동의 노력을 기울여 에이즈를 억제했고, 치명적 전염병 중 하나인 천연두도 퇴치했다. 몬트리올의정서는 1980년대 급속하게 파괴되던 지구의 오존층을 구했다. 이런 성공은 쉽게 잊힌다. 이미 당연한 것으로 여겨지기 때문이다. 하지만 결코 당연한 일이 아니다

오늘날 필요한 변화는 어떻게 이루어낼 수 있을까? 우리는 스스로를 가로막고 있다. 그러므로 변화의 전제는 우리 자신과 다른 사람들을 더 잘 이해하는 것이다. 우리가 서로에게 귀를 기울이고 서로를 중요하게 여겨야 변화가 가능하다. 어떤 두려움이 우리 자신과 주변 사람들을 마비시킬까? 어떤 착각들이

우리를 무력하게 만들까? 우리는 어떻게 조종당할까?

인간이 스스로에게 어떤 함정을 놓는지 알아야만 그것을 피할 수 있다. 이는 우리 자신의 행복뿐 아니라 미래 세대의 운명도 달린 문제다. 최근 과학은 우리의 착각과 잘못된 결정이 미래를 위협할 뿐 아니라, 현재의 행복감도 떨어뜨리고 있음을 증명했다. 하지만 과학은 아울러 탈출구도 제시해주었다. 이제 과학의 통찰을 이용할 때가 되었다.

우리의 미래는 새로운 것에 대한 즐거움을 일깨울 수 있는가에 달려 있다. 설사 조난을 당했어도 물 위로 고개를 내밀고 있는 한 구조될 수 있다.

2장
위대한 문명들은 어쩌다 몰락했나

사라진 문명들이 우리를 매혹하는 이유는 우리에게도 비슷한 일이 닥칠 수 있다는 생각 때문일까? 우리는 사라진 문명의 이야기를 마치 환자의 이야기처럼 읽는다. 그러면서 자연스럽게 우리에게도 특정 병증이 나타나고 있지 않은지 자문한다. 그런 증상들이 발견된다면 얼마 안 가 우리의 도시도 폐허로 변하고, 그 위에 죽음의 정적이 드리워지는 건 아닐까? 사라진 문명의 유적을 발견한 탐험가들을 공포에 떨게 했던 바로 그 정적이?

"우리는 커다란 돌계단을 올라갔다. 어떤 부분은 거의 고스란히 남아 있었고, 어떤 부분은 틈 사이로 나무가 자라 무너져 있었다. 가이드는 마체테로 울창한 숲을 헤치고 길을 내었다…. 반쯤 땅에 묻힌 잔해들 사이로, 우리는 가이드를 따라 14개의 기념비까지 갔다. 기념비 하나는 거대한 뿌리 때문에 받침대에서 떨어져 있었고, 하나는 나뭇가지에 휘감겨 땅에서 약간 들려 있었다. 또 하나는 땅에 내던져진 상태로 거대한 덩굴식물에 꽁꽁 묶여 있었다. 하지만 기념비 하나는 제단과 함께 숲에 어엿이 서 있었고, 신성한 물건을 보호하듯 나무들이 주변을 감싸고 있었다…. 원숭이들의 울음소리와 제 무게를 견디지 못하고 부러지는 나뭇가지 소리만이 매몰된 도시의 정적을 깨뜨리고 있었다."[5]

1839년 미국 탐험가 존 스티븐스John Stephens는 온두라스 서부의 외딴 산지에서 이렇게 적었다. 스티븐스는 어느 스페인 정복자의 오래된 기록을 보고, 그곳에 옛 도시의 흔적이 있으리라고 예상했다. 하지만 그가 과테말라 국경에서 불과 몇 킬로미터 떨어지지 않은 한 골짜기에서 마주한 풍경은 숨이 멎을 정도였다. 코판강 건너편 정글에 높이 30미터가 넘는 어마어마한 벽이 하나 솟아 있었다. 옛 요새의 일부였다. 스티븐스와 일행은 강을 건너 벽 위로 올라갔다. 그들 발 아래로 거대한 마호가니들에 뒤덮인 미로 같은 벽들이 이어져 있었다. 벌써 여러 세기 전부터 사람들이 살지 않은 것이 틀림없어 보였다. 성문과 신전의 윤곽이 분간되었고, 열대우림 속에 풍화된 경기장과 궁전도 알아볼 수 있었다. 이 모든 것 위에 피라미드가 뾰족하게 솟아 있었고, 피라미드 옆에는 수백 개의 상형문자가 새겨진 계단이 무심하게 하늘을 향해 뻗어 있었다.

누가 이 도시를 세웠을까? 이 도시는 왜 버려졌을까? 코판유적은 마야인들의 역사적 주거지에 있었고, 스티븐스는 고도로 발달한 마야문명이 어떤 성취를 이루었는지 알고 있었다. 마야의 건축가들은 유럽의 동료들에게 뒤지지 않았다. 농부들은 정교한 계단식으로 조성되고 관개시설도 갖추어진 논밭에서 옥수수를 경작했다. 천문학자들은 별을 관측하기 위해 지어진 천문대에서 별들의 운동을 예측했고, 무려 세 가지의 복잡한 달력을 사용했다. 수학자들은 0의 개념이 있는 수체계를 썼다. 유럽은 수세기 후에도 번거로운 로마숫자를 사용하며 애를 먹었는데 말이다. 마야문명에는 문자도 문학도 도서관도 있었으며, 아마틀Amatl이라 불리는 종이는 유럽의 양피지보다 훨씬 질이 좋았다.

이 위대한 문명을 무언가 혹은 누군가가 파괴해버렸다. 여하튼 유럽인들의 침략으로 멸망하지는 않았다. 마야문명과 다른 아메리카 원주민 문명의 차이는 바로 여기에 있다. 정복자들이 도착했을 때 마야제국은 이미 몰락한 상태였다. 스티븐스를 정글로 인도한 스페인 정복자들의 보고서도 코판 강가의 황폐한 정글 속에 자리한 유적지에 대해 언급했다.

스티븐스는 알려지지 않은 재앙으로 인해 문명이 멸망했으리라 추측했다. 가뭄이나 지진, 전염병 혹은 파괴적인 전쟁으로 인해 몰락하지 않았을까 하고 말이다. 마야문명은 수백 년, 아니 수천 년 동안 이어지며 고도의 발전을 이루었다. 그런 문명이 스스로 멸망을 초래했다는 것은 상상할 수 없는 일이었다.

희생양이자 가해자

오늘날 우리는 스티븐스의 추측이 부분적으로는 옳고 부분적으로는 틀렸음을 안다. 코판은 마야의 도시였고, 마야문명은 인류가 배출한 문명 가운데 가장 오래 지속되었던 고대문명 중 하나다. 마야문명의 시작은 기원전 3000년 가까이까지 거슬러 올라가며, 기원전 1000년도 더 전에 첫 도시들이 성장했고 그 뒤 문자를 개발하고 국가를 이루었다. 이 문명은 9세기경 갑작스럽게 재앙이 닥치기까지 약 500년 동안 전성기를 누렸다. 그로써 마야문명은 고대 이집트문명보다 더 오래 이어졌다.

실제로 재앙이 멸망을 촉발했다. 마야문명을 몰락시킨 원인은 정복자들도 지진도 아니었다. 이 수수께끼를 풀어준 것은, 마야어로 '왕들의 궁전'이라고 불리는 석회동굴의 종유석이었다. 2010년부터 2020년 사이에 발표된 일련의 획기적인 연구에서, 지질학자들은 이 종유석과 중앙아메리카 여러 호수의 바닥에서 채취한 시료를 방사화학적으로 분석하고 그 결과를 보고했다.[6] 종유석과 심층 시료에 포함된 퇴적물은 학자들에게 과거의 온도와 습도에 대한 정확한 정보를 제공했다. 분석 결과, 서기 800년경 중앙아메리카의 기후가 거의 붕괴 수준이었음이 드러났다.[7] 마야문명도 바로 이 시기에 붕괴한 것이다.

당시 평균 강수량은 절반으로 줄었고, 때론 4분의 1 수준까지 떨어졌던 사실이 드러났다. 지질학자들은 이런 극심한 가뭄을 '메가 가뭄'이라 부른다.[8] 예로부터 마야 지역은 주로 여름에 많은 비가 내렸고, 집약적 농업의 관개시설을 통해 여름의 비를 모아 겨울을 버티었다. 그런데 여름에도 비가 내리지 않는 바람에 마야인들이 만들어놓은 거대한 저수조들이 말라버렸다.[9] 수백만 명이 목마름과 굶주림으로 죽어갔고 전쟁과 소요가 잇따랐다.

하지만 마야문명은 그저 자연재해의 희생양이지만은 않았다. 스티븐스의 추측과는 달리 마야인들은 가해자이기도 했다. 오늘날의 연구자들은 마야문명을 파괴한 기후변화를 마야인들이 자초했다고 보고 있다. 물론 중앙아메리카에서 가뭄이 오래가는 경우가 종종 있었다. 하지만 서기 1000년 전후 마야 지역의 강수량 감소는 중앙아메리카에 인류가 살기 시작한 이래로 처음 있는 일이었다.

메가 가뭄은 마야의 도시들이 그 어느 시기보다 화려해지고 왕들이 막강한 권력을 떨쳤을 때, 즉 마야문명이 전성기를 구가할 즈음 시작되었다. 미국 기후학자 벤저민 쿡Benjamin Cook과 그의 동료들은 이것은 우연이 아니라고 설명한다.[10] 마야인들이 문명과 기술을 발전시키는 동안 인구가 불어났고, 사람들은 더 많은 땅에 옥수수를 재배하고자 삼림을 벌채하고 숲을 개간했다. 이로 인해 먼저 토양침식이 일어났다. 옥수수는 넓은 간격을 두고 줄지어 심는 데다, 뿌리가 얕다 보니 비바람에 의해 부식토가 씻겨나가고 땅이 점점 메마른 것이다. 마야인들은 경작지를 마련하기 위해 숲을 더 많이 개간해야 했고, 이러한 삼림 벌채는 치명적 결과로 이어졌다. 나무들이 빽빽한 숲에 비해 밭에서 증발하는 물의 양이 적었기에 공기 중 습도가 낮아졌고, 결국 강수량이 줄어들고 말았다.

그리고 이제 악순환이 시작되었다. 벌목으로 인해 농업의 생명줄이던 여름 강수량이 20퍼센트 감소했다. 비의 신이 자비를 베푼 해에는 경작지에 물을 댈 수 있었다. 하지만 인간이 만든 기후변화가 점점 자연을 제대로 돌아가지 않게 한 바람에, 날씨가 조금만 삐끗해도 식량 생산량이 곤두박질쳤다. 기아에 이어 무정부 상태와 전쟁이 발발하고 전염병도 잇따랐으리라 예상된다. 그렇게 마야문명은 더 이상 안정상태로 되돌아갈 수 없는 임계점에 도달했다.

사정이 이런데도 코판의 지배계층은 별로 걱정하지 않았던 듯하다. 무엇보다 마야의 왕들은 서로 경쟁적으로 점점 더 커다란 신전을 짓는 데만 열을 올렸다. 재러드 다이아몬드는 이런 점을 언급하며 "이것은 오늘날 미국의 잘나가는 경영자들이 과시적인 소비를 하는 모습을 연상시킨다"고 설명했다. 그들은 자신들의 세계가 영원하리라 믿었던 걸까? 수천 년 동안 번영해온 고대문명이 멸망할 수 있다는 사실을 아무도 상상하지 못했거나, 상상하려 하지 않았던 것 같다.

하지만 한 세대도 채 지나지 않아 그런 일이 벌어지고 말았다. 850년경 코판의 왕궁은 불타버렸고 굶주림과 갈증, 질병, 폭력에서 살아남은 소수의 사람들은 도시를 떠났다. 인구는 한창때에 비해 형편없이 쪼그라들었고, 이들은 1년 내내 물이 있는 지역으로 피난해 약간의 옥수수를 경작하며 연명했다. 그리하여 과거 도시들을 먹여 살렸던 거대한 밭은 다시 야생으로 돌아갔고, 폐허에 나무들이 뿌리를 내리기 시작했다. 숲이 확산되면서 여름철의 호우도 돌아왔다. 하지만 마야문명은 영원히 사라져버렸다.

멸망한 문명들의 공통점

마야인들의 오만함을 이 시대 우리의 오만함과 비교하고 싶은 유혹이 크다. 하지만 성급하게 일대일 선상에서 비교하는 건 본질을 간과하는 일이다. 마야인들은 본인들이 무엇을 하고 있는지 알지 못했기 때문이다.

마야인들이 21세기 기후학자들이 슈퍼컴퓨터를 통해 발견한, 나무의 알베도albedo(표면 반사율)와 계절 강수량 사이의 복잡한 연관성을 알고 있었을 리는 만무하다. 마야인들에게 가뭄은 그저 비의 신 차크의 뜻이었고, 가뭄을 끝내는 유일한 방법은 신의 환심을 사는 것이었다. 그래서 마야인들은 차크가 번개 도끼로 구름을 깨부수고 은혜로운 단비를 내려주길 바라며 옥수수와 재규어, 혹은 인간을 제물로 바쳤다.

많은 고대문명은 스스로 초래한 상황들 때문에 멸망했다. 하지만 어느 고대문명도 그 연관성을 깨닫지 못했다. 오늘날의 파키스탄 지역에서 꽃피웠던 인더스문명은 세계 3대 고대문명 중 하나였다. 또한 아마도 자초한 환경재앙으로 몰락해버린 최초의 문명일 것이다. 인더스문명은 기원전 2000년경에 몰락했다. 당시 인더스 강변의 화려한 도시들은 이미 수세식 화장실까지 갖추고 있었지만, 그곳 학자들은 흉년이 드는 이유를 짐작하지 못했다. 흉년의 원인은 마야문명의 쇠퇴를 불러온 원인과 비슷했다. 집약농업으로 인해 토양이 침식되었고, 삼림 벌채로 강수량이 줄어들었다. 거기에 더해 기후변화가 몬순 주기를 방해함으로써 농업이 붕괴되었고, 그와 함께 도시들도 무너져버리고 말았다.[11]

로마제국의 역사가들도 제국이 몰락할 때 대체 무슨 일이 벌어진 것인지 이해하지 못했다. 암미아누스 마르켈리누스 같은 고대 후기의 주요 역사가들은 제국의 종말이 머지않았음은 인지했지만 그 원인을 도덕의 해이, 부패, 야만인의 침입 탓으로 돌렸다. 이것들이 몰락의 원인이라기보다 증상임을 간과했던 것이다. 오늘날엔 부패나 동방의 기마민족이 로마제국을 멸망시킨 것이 아니라는 사실이 정설로 받아들여지고 있다.

로마제국은 오히려 성공으로 인한 부작용으로 무너졌다.[12] 제국이 확장될수록 체제를 유지하는 데 점점 더 많은 비용이 들어갔고, 3세기 이후부터는 세금 징수만으로 이를 감당할 수 없게 되었다. 속주의 수탈을 기반으로 한 경제체제도 몰락에 한몫했다. 또한 로마의 기술자들은 건축이나 군사공학 면에서 뛰어난 기술을 선보였지만, 산업이나 농업 생산성을 더 높이는 기술에는 별 관심이 없었다. 그래서 1000년 전 알렉산드로스 시대에 쓰던 것과 거의 동일한 원시적 도구로 농사를 지었다.[13] 대지주들은 어차피 노예들을 많이 소유했기에 원시적 도구만 있어도 상관이 없었기 때문이다. 하지만 그러다 노동력이 부족해지면 땅을 놀리게 되었고, 그 결과 제국의 세수는 더 부족해졌다.[14] 제국을 위대하게 만들었던 바로 그 습관들이 공교롭게도 패인이 되어버렸다. 세계 제국은 변화의 능력이 부재했으므로 결국 종말을 맞이할 수밖에 없었다.

로마제국의 종말, 인더스강 유역의 기근, 마야문명의 몰락,

다른 여러 문명들의 멸망에는 한 가지 공통점이 있다. 사람들이 원인도 모른 채 재앙에 휘말렸다는 점이다. 그들은 자신들이 처한 상황도, 그 상황에 자신들이 어떻게 기여했는지도 알지 못했기에 불행을 피할 수 없었다.

전례 없는 비상사태

반면 우리는 우리의 상황을 정확히 알고 있다. 매일같이 언론이 우리가 처한 상황을 알려준다. 세계 곳곳에서 홍수가 나고, 강이 마르고, 산불이 나고 있으며 우리는 뉴스에서 그 영상들을 목격하고 있다. 우리는 매일 150종의 동식물이 영원히 사라지고 있다는, 즉 멸종되고 있다는 보도를 접한다. 독일은 모범생처럼 굴지만 1인당 평균 이산화탄소 배출량이 유럽 어느 나라보다 많다.[15] 지구 평균기온 상승을 1.5도 이하로 억제하는 데 기여하려면, 지금까지보다 30배 빠른 속도로 온실가스 배출량을 줄여야 한다.[16]

전문가들은 이것이 시작에 불과하다는 사실을 숫자로 보여준다. 기온은 이제 막 상승하기 시작했고, 자연계의 대량 멸종은 더 가속화될 전망이다. 불과 몇 년 내에 해수면 상승으로 항구도시들이 침수될 것이며, 토양이 메말라 인간이 거주할 수 없는 땅이 대폭 늘어날 것이다.

기후학자들의 경고가 더 필요할까? 우리는 어떤 일이 벌어지고 있는지를 직접 경험하고 있다. 매년 여름 잔디가 일찍 갈색으로 변해버리고 있고, 겨울에 커다란 호수가 얼어붙는 일은 이제 추억이 되어버렸다. 아직 온전한 세계에 살고 있다고 믿으려면, 동굴에 숨어 오감을 차단해야 할 것이다. 전 지구적 기후위기는 인류 역사상 전례 없는 규모의 비상사태다.

통제를 벗어난 기계가 불러온 위기

이뿐만이 아니다. 기후변화로 인한 삶의 토대 파괴는 우리를 위협하는 유일한 상황이 아니다. 지금 우리의 삶은 디지털기기와 떼려야 뗄 수 없게 되었고, 이 기기들은 아주 짧은 시간에 모든 삶의 영역을 바꾸어놓았다. 모니터가 일을, 알고리즘이 의견을, 데이팅앱이 은밀한 순간들을 지배하는 오늘날, 우리가 기계를 통제하는 것인지 아니면 기계가 우리는 통제하는 것인지 구분하기 어렵다. 이 역시 비로소 시작일 뿐이다. 불과 몇 년 뒤의 기술에 비하면 오늘날의 디지털기기는 무해한 장난감처럼 보일 테니까.

물론 인공지능은 많은 기회를 제공한다. 사무직 노동자들을 지루한 반복업무로부터 해방시키고, 의사들의 진단을 보조하며, 과학자들의 신약 개발을 돕는다. 학생들에게 맞춤형 학습계획을 짜주고, 심리치료의 효과도 더욱 높일 것이다. 자율주행차와 무인공장은 얼마 지나지 않아 일상화될 전망이다. UN의 한 보고서는 인공지능이 인간의 지능 수준과 맞먹는 능력에 도달하면, 국민 한 사람당 생산성이 10배로 증가할 수 있다고 예측한다.[17]

하지만 기술 발전은 사회를 대폭 바꿀 것이다. 2023년 3월 인공지능 분야의 세계적인 연구자들 수백 명이 서명한 공개서한은 우리 앞에 놓인 미래를 예고해준다.[18] 이 서한은 인공지능이 점점 더 인간과 경쟁하게 될 거라며, 다음과 같이 이야기한다.

> "우리는 자문해야 한다. 기계가 우리의 정보채널을 선전 선동과 거짓으로 넘쳐나게 만드는 걸 허용해야 할까? 모든 직업을 자동화해야 할까, 인간을 충만하게 하는 일들까지도? 어느 순간 우리를 수적으로 능가하고, 우리를 속이고, 우리를 쓸모없게 만들고, 우리를 대체할지도 모르는 인공지능을 개발해야 할까? 문명에 대한 통제권을 상실할 위험을 감수해야 할까?"

적확한 말들이다. 하지만 이 목록은 완전하지 않다. 이 공개서한이 언급하지 않은 점들이 있기 때문이다. 예를 들어 인공지능이 인간을 감시하는 데 아주 적합한 기술이라는 사실 같은 것들 말이다.

우리가 과한 위험은 막을 수 있다 하더라도, 기계들은 더 이상 그저 명령을 수행하지만은 않을 것이다. 기계가 경영자, 변호사, 의사의 일을 떠맡고 결정을 내리게 될지 모른다. 신중한 평가에 따르면 앞으로 산업국가들에서 일자리 3억 개가 사라질 것이라고 한다. 모든 직업 중 3분의 2가 인공지능의 도입으로 변화를 겪을 전망이다.[19]

앞에 언급한 UN의 보고서는 '새로운 기술이 약속하는 막대한 부는 오늘날 거의 모든 나라가 체감하는 긴장을 더 심화시킬 것'이라고 경고한다.[20] "막대한 이익은 소수에게 집중될 것이고, 다수는 뒤처질 것이다. (…) 집중된 기술적·경제적 권력은 정치적 권력으로 이어질 것이다. 반면 힘없는 다수는 불만 상태로 살아가게 될 것이다."

기후위기가 외부에서 문명을 위협한다면, 통제를 벗어난 디지털화는 내부에서 사회를 분열시킨다. 심화되는 불평등과 양극화는 사회를 갈라놓을 위험이 있다. 서구 민주주의가 파멸을 향해 직행하고 있다는 뜻은 아니다. 점점 빨라지는 기술 발전으로 인한 도전은 극복할 수 있다.[21] 그러나 우리 사회가 아무런 대가를 치르지 않고, 지금까지처럼 계속 나아갈 수 있다는 믿음은 위험할 만큼 순진한 생각이다.

오늘날 이미 도입된 소셜미디어가 미칠 영향 중 무엇이 가장 우려스럽냐는 질문에 전 페이스북 임원 팀 켄들Tim Kendall은 한 마디로 답했다. "내전"이라고.[22]

나이 드는 사회의 가장 큰 문제

마지막으로 우리가 지금처럼 살아서는 안 된다는 사실을 보여주는 세 번째 요인이 있다. 기후위기나 인공지능의 급부상보다는 좀 느리게 전개되고 있지만, 그 징후는 체감할 수 있다. 바로 거리를 오가다 보면 젊은이보다 노인들과 더 많이 마주치게 된다는 점이다.

이런 변화는 하나의 수로 확인 가능하다. 2020년 기준 생산가능 인구 100명당 은퇴자 수는 31명이었다. 2000년에는 그 수가 20명이었다. 불과 20년 사이에 그 수가 50퍼센트 이상 증가한 것이다. 2040년이 되면 47명으로 껑충 뛸 전망이다. 그렇게 되면 근로자 두 명이 한 명의 은퇴자를 부양해야 한다.[23] 이는 독일의 수치이지만, 모든 산업국가가 비슷한 양상을 보인다. 아프리카와 아시아의 대부분 지역에서도 출생률이 점점 떨어지고 있다. 전 세계적으로 인류가 고령화되고 있는 것이다.

물론 점점 더 많은 사람들이 더 오래 사는 것은 좋은 일이다.

다만 우리 사회는 대다수의 인구가 50대 이상인 상황에 대비되어 있지 않다는 점이 문제다. 일을 제때 처리해줄 기술자가 없어 몇 주씩 대기해야 하는 불편함은 앞으로 다가올 시대의 서막에 불과하다. 국가 재정이 부족해지고 간호 인력과 의사도 부족해질 전망이다. 그리고 이는 급속히 고령화되는 세상에서 눈에 가장 잘 띄는 문제점들에 불과하다.

가장 심각한 변화는 대부분의 사람들이 잘 눈치채지 못한다. 그 변화가 안에서 서서히 일어나기 때문이다. 나이가 들어가면서 몸뿐 아니라 이성도 늙는다는 점을 감안해야 한다. 나이든 사람의 뇌가 젊은 사람의 뇌보다 능력이 떨어진다는 뜻은 아니다. 다만 나이든 뇌는 젊은 뇌와는 다르게 일한다. 발달심리학자들은 그 과정을 아주 상세하게 설명해준다. 우리는 나이를 먹을수록 위험을 감수하는 걸 싫어하고, 일반적으로 겁이 더 많아진다. 나이든 사람들은 경험에 의존하고, 웬만하면 문제를 새로운 방법으로 해결하려 하지 않으며, 실험해보고자 하는 마음도 줄어든다.

파블로 피카소는 20세에서 40세 사이에 무려 다섯 가지의 혁명적 화풍을 창안했다. 청색시대, 장밋빛시대를 지나 분석적 입체주의와 종합적 입체주의를 거쳐 결국 독자적인 초현실주의 양식을 발전시켰다. 그는 노년에 이르러서도 굉장히 왕성하게 활동했고 죽을 때까지 걸출함을 입증했다. 하지만 나이들어서 남긴 수많은 작품들에서는 스스로가 고안한 양식을 반복적으로 선보였다.

피카소만 그렇게 편한 길을 택한 것이 아니다. 미국의 연구자들은 발명가 100만 명 이상을 대상으로 특허 출원을 분석해, 그들의 아이디어가 세월이 흐르면서 어떻게 변화했는지를 살펴보았다.[24] 그 결과 젊은 발명가들일수록 나중에 획기적인 것으로 입증된 특허를 출원하는 빈도가 높았고, 나이든 발명가일수록 기존의 기술을 점진적으로 개선하는 방향의 특허를 신청한 것으로 드러났다.

노인의 전략이 젊은이의 전략보다 열등하다는 뜻이 아니다. 다만 다르다는 것이다. 하지만 고령층이 지배적인 사회는 도전을 대하는 태도가 젊은 사회와는 다를 수밖에 없다. 새로운 길을 가기보다는 익숙한 길을 고수하려는 경향이 강해지는 것이다.

"새로운 과학적 진리는 반대자를 설득하고 납득시키는 방식으로 관철되는 게 아니라, 반대자들이 점차 사라지면서 관철된다." 보수주의자였던 물리학자 막스 플랑크가 남긴 말이다. 그의 원칙은 과학뿐 아니라 일반적인 상황에도 적용된다. 젊을수록 새로운 사실에 더 빨리 적응한다. 주변 환경이 안정되어 있을 때는 나이든 이들의 신중함과 경험이 가치를 발한다. 하지만 급변하는 세상에서는, 과도하게 보수적인 사회는 몰락할 우려가 있다. 주변 상황에 너무 느리게 반응하기 때문이다. 우리는 오늘날 그런 세상에 살고 있다.

배기가스를 선택한 환경주의자

변화된 상황에 적응해야 한다는 사실만은 분명하다. 이를 안다는 점에서 우리는 자신들이 처한 상황을 깨닫지 못해 몰락했던 문명들보다 앞서 있다. 그런데 아는 바를 얼마나 행동으로 옮길 수 있을까?

독일인의 89퍼센트는 기후위기를 '심각한' 혹은 '아주 심각한' 문제로 여기는 것으로 나타났다. 87퍼센트는 유럽이 늦어도 2050년까지 기후 중립을 달성할 수 있도록 온실가스 배출량을 가능하면 빠르게 낮출 것을 요구했다. 76퍼센트는 지난 6개월간 기후위기에 대처하고자 스스로 뭔가를 했다고 답했다. 이는 2023년 EU 집행위원회의 의뢰로 실시한 유로바로미터의 조사 결과로,[25] 이 같은 수치는 일시적 현상이 아니라 오래전부터 지속되어온 흐름이다. 러시아의 우크라이나 침공 전에는 응답자의 92퍼센트가 기후위기를 심각하거나 매우 심각한 문제로 여긴다고 답했다. 지구에 대한 걱정이 많은 사람들의 마음속에 자리잡고 있는 것이다.

그러니 환경과 기후를 보호하기 위한 조치가 시행되면 시민들은 열광하지 않을까? 수년간 지지부진하던 끝에 대기오염 방지를 위한 주요 법안이 통과되면, 적어도 안도의 목소리라도 들려야 할 테다. 하지만 결과는 반대였다. 2023년 정부가 10년 이상의 유예기간을 거쳐 내연기관차의 신규 등록을 금지시키겠다고 발표하자 무슨 일이 벌어졌을까? 여론조사 결과 65퍼센트의 사람들이 반대를 표했다. 그들은 다다음 번에 구입할 새 차에서도 여전히 4기통 터보엔진의 시동을 걸고 싶어 했다. 이런 엔진이 매일 거의 50만 톤에 달하는 온실가스를 대기 중에 내뿜는다는 사실을 알고 있음에도 말이다.

내연기관차를 옹호하는 사람들은 전기차는 비싸서 많은 사람들이 내연기관차를 살 수밖에 없다고 주장했지만, 그건 사실이 아니다. 같은 해인 2023년 신차를 구입한 사람들은 평균 약 4만 4600유로를 지출했는데,[26] 이 정도면 성능 좋은 전기자동차를 충분히 살 수 있는 가격이다. 원한다면 독일자동차클럽 ADAC을 통해 전기차가 디젤차나 가솔린차보다 유지비가 적게 들며, 앞으로 더 저렴해지리라는 정보를 얻을 수도 있었다.[27] 그러나 경제적 합리성을 주장하는 목소리는 대중의 격앙된 반응 속에 묻혀버렸다. 사람들은 부르릉거리는 엔진 소리나, 주유소에서 풍기는 휘발유 냄새, 자동차 머플러에서 나오는 배기가스 없는 삶이 이상하다고 여기는 걸까? 그런 삶을 상상조차 할 수 없는 걸까?

환경을 지키고 싶어 하는 간절한 소망은 모두 어디로 사라졌을까?[28] 물론 자동차는 그 어떤 소비재보다 사람들의 감성을 자극하는 물건이다. 하지만 이성과 행동 사이의 괴리를 단순히 자동차에 대한 집착으로만 해석하는 것은 비현실적이다. 이런 현상은 곳곳에서 나타나니 말이다. 이와 관련해 20개국을 대상으로 진행된 대규모 조사의 결론은 이렇다. "시민들이 기후변화를 걱정한다고 하여, 그에 상응하는 조치에 찬성한다는 뜻은 아니다."[29]

기후위기와 축사 환경뿐 아니라 자신의 건강을 위해서도 육식을 지양하자고 제안할 때, 사람들이 얼마나 싫어할지 떠올려보라. 자국의 노동력이 부족하다는 사실을 부정하지 않으면서도, 다른 대륙에서 온 사람들의 이민을 허용하지 말아야 한다고 목소리를 높이는 사람들이 많다는 사실을 생각해보라.

스크린 앞에서 무력해진 현대인

그렇다면 디지털혁명은 어떤가. 나이든 세대에게 자동차가 아주 특별한 물건이었다면, 젊은 세대에겐 스마트폰이 그렇다. 스마트폰이 없는 삶은 상상하기 힘들다. 마치 주머니 속 전자기기가 신체의 일부인 듯 말이다.

이런 공생이 달가운 사람은 거의 없을 것이다. 세밀한 연구를 통해 그동안 추측만 해온 상관관계가 확실히 입증됐다.[30] 즉 사람들이 SNS와 온라인을 통해 세계관을 형성할수록 그들은 서로와 제도를 불신하고, 혐오를 느끼고 확산시키며, 적대적 진영으로 갈라진다고 한다.

하지만 스마트폰과의 공생이 마뜩하지 않은 이유가, 디지털 미디어가 사회적 통합을 해칠 수 있다는 우려 때문만은 아니다. 이미 우리는 일상에서 점점 더 가상화되는 삶이 뭔가 이상하다는 사실을 느끼고 있다. 인터넷이 끊기면 우리는 얼마나 안절부절못하는가. 수많은 과학적 연구가 입증하듯,[31] 스크린 앞에서 보내는 시간을 줄이면 더 평온하고 행복해지리라는 데에는 모두가 고개를 끄덕인다. 이에 거의 모든 사람이 한 번쯤은 몇 시간 혹은 며칠간 디지털 단식을 시도해봤을 것이다. 그리고 터치스크린이 손에 닿지 않는 순간, 무력해지고 공허해지고 발가벗은 기분이 된 자신을 확인했을 것이다.

그나저나 우리가 의지와 상관없이 인터넷에 스스로를 노출시키고 있다는 사실을 어떻게 받아들여야 할까? 조사 결과 독일인의 80퍼센트가 인터넷 산업을 불신한다고 한다.[32] 한편으로 우리는 한 번 클릭할 때마다 드러나는 자신의 취향, 생각, 감정, 성격 등의 정보가 결코 우리에게 유익하게만 사용되지는 않으리라는 생각에 찝찝함을 느낀다. 응답자의 단 3퍼센트만이 구글, 아마존 등이 자신의 데이터를 어떻게 취급하든 알 바 아니라고 답했다.

그런데 우리 대부분이 마치 이런 정보 노출을 전혀 신경 쓰지 않는 듯 행동한다. 독일인의 87퍼센트가 서비스 제공자가 개인정보보호법을 준수할지 의심하면서도 자발적으로 서비스들을 이용한다.[33] 좀 더 안전한 유료 앱을 쓰는 대신 의심스러운 앱을 무료로 사용한다. 페이스북 사용자들을 대상으로 한 연구는 이런 모순된 심리를 정확히 보여준다. 많은 사용자들이 자신의 성적 지향이나 정치 성향을 낯선 사람들이 알게 될까 우려를 표했다. 하지만 공교롭게도 우려를 드러낸 사용자들 중 거의 절반이 이미 오래전 성적 지향이나 정치 성향을 보여주는 게시물을 올린 상태였다.[34] 그들은 자발적으로 그렇게 한 것이다. 몇 개의 '좋아요'를 받으려는 기대에 모든 우려를 깨끗이 잊어버린 듯 말이다.

생각과 행동은 왜 따로 노는가

우리는 품위 있게 살고자 하고, 우리 자신과 자녀들에게 안전한 미래를 보장해주고 싶어 한다. 동시에 우리는 이런 일을 그르쳐버린다. 다시 말해 우리의 가치관과 행동이 따로 노는 것이다. 종종 그 둘은 서로 대립적이기까지 하다.

사람들은 늘 내면의 갈등을 겪으며 살아왔다. 2000년도 더 전에 사도 바울은 〈로마서〉의 유명한 구절에서 "내가 원하는 선은 행하지 않고, 도리어 원치 않는 악을 행한다"고 탄식했다. 참으로 놀라울 정도로 솔직함을 보여주는 구절이다. 바울은 많은 사람들이 하듯, 그냥 모순을 부정해버리는 유혹에 굴복하지 않았다. 그는 원치 않는 것을 원하는 것처럼 가장하고 약함을 미덕으로 포장하는 위선을 경계했다. 비록 고통스러울지라도 자기 자신에 대해서 정직하고자 했다.

하지만 〈로마서〉의 바로 다음 구절에서 그는 놀랍게도 교묘한 사고를 선보인다. 그는 악을 행하는 장본인이 스스로가 아니라고 주장하며, 오히려 다른 힘이 그를 불행으로 내몰고 있다고 한다. "하지만 내가 원하지 않는 일을 한다면, 그 일을 하는 것은 내가 아니고 내 속에 거하는 죄이다"라고 말이다.

바울은 자신의 행동에 대한 책임을 부인하며, 죄 앞에서 자신은 무력하다고 선언한다. 그리고 구원을 통해—구원에 대해서는 자세히 묘사하지 않고 뭉뚱그려서 이야기한다—모든 것이 제자리를 찾기를 희망한다.

바울이 최초로 묘사한 이 같은 사고방식을 오늘날에는 중화기제techniques of neutralization라고 부른다. 이것은 특히 범죄심리학에서 잘 알려진 개념으로, 범법자들이 범행에 책임이 없음을 정당화하기 위해 사용하는 심리적 전략이다. 주의 깊게 살펴보면, 바울이 사용한 전략을 각종 토크쇼와 수많은 내적 독백에서 얼마든지 발견할 수 있다. 우리는 단지 다른 단어를 사용할 뿐이다. 예를 들어 '죄' 대신에 '경제적 어려움'을 내세우는 식이다. 즉 우리는 스스로 원하거나 심지어 필요하다고 생각하는 바를 이루어내지 못하며, 다른 목표들을 우선시하는 경우가 너무나 잦다. 정치인들은 뻔히 어떤 것이 더 나은지 알면서도 종종 "국민들에게 과도한 부담을 줄 수는 없다"고 핑계를 댄다. 유권자들의 환심을 사기 위해서다. 그러면서 그들은 언제 실전에 적용 가능할지 알 수 없는 신기술이나, 언제 체결될지 모르는 국제협약 등을 '구원의 수단'으로 들먹인다.

중화기제 없이 우리의 정신상태를 견딜 수 있을까? 사람들이 나중에 어느 정도까지 모순에 휘말리게 될지 사도 바울은 상상할 수 없었을 것이다. 로마제국이 역사상 가장 거대하고 고도로 발전한 제국 중 하나였다지만, 오늘날의 상황과 비교하면 바울은 꽤나 단순한 세상에서 살았다. 당시엔 정보도 별로 없고, 소비도 적게 했으며, 정치적 영향력도 거의 없었다. 누군가의 도덕적 행동은 소수의 가까운 사람들에게만 여파를 미쳤다.

반면 21세기 초의 모순들은 우리의 도덕적 감각을 한계까지 몰아붙인다. 우리가 일상적으로 내리는 결정조차 지구 반대편에 있는 지역과 아직 태어나지 않은 사람들에게 영향을 끼친다. 더 이상 몰랐다는 핑계는 댈 수 없다. 그 연관성은 이미 잘 알려져 있으니까. 유럽에서 티셔츠를 구입하는 사람은 아시아에서 일어나는 노동력 착취를 재정적으로 뒷받침하는 셈이며, 차에 시동을 거는 사람은 후대가 짊어져야 할 짐을 공기 중에 내뿜는 셈이다. 스테이크를 먹는 사람은 공장식 축산으로 키워지는 동물들의 고통뿐 아니라, 소의 대량 사육이 상당량의 온실가스를 배출하고 삼림도 파괴한다는 사실을 알고 있다.

나 하나쯤이야 하고 자신의 책임을 축소하려 해봤자 소용없다. 그렇지 않기 때문이다. 미국 윤리학자 존 놀트John Nolt는 한 연구에서 산업국가의 평균적 시민이 일생 동안 배출하는 이산화탄소가 다음 세대에 최소 한 명 이상의 죽음을 초래할 수 있다고 추정했다.[35]

동시에 우리는 도덕적 존재다. 선하게 살고 싶어 하며 그렇게 살 때도 많다. 심리학에서는 바울이 맨 처음 묘사한 정신상태를 '인지부조화'라 부르는데, 옛날 사람들은 오늘날의 우리만큼 인지부조화에 시달리지는 않았다. 신념과 태도, 행동이 서로 상충되면 이성은 인지부조화를 겪는다. 우리는 이런 모순을 최소한 어느 정도는 인식하고, 인지부조화를 음이 안 맞는 음악처럼 불쾌하게 느낀다. 실제로 인지부조화는 라틴어로 '정신적인 불협화음'을 뜻한다. 인간의 이성은 조화를 갈망한다. 그리고 가장 괴로운 것은 바로 우리가 자초한 모순이다. 해가 된다는 사실을 알면서도 그 행동을 하는 것은 그야말로 딜레마다. 아무것도 모른 채로 몰락해버린 마야문명과 다른 고대문명들이 부러울 지경이다.

2부

변화를 방해하는 7가지 착각

3장

착각1 우리는 현실주의자다

레온 페스팅거는 사람들이 얼마나 능란하게 현실을 미화하는지를 우연히 발견했다. 캘리포니아 스탠퍼드대학교의 사회심리학자인 그는 예측이 빗나갔을 때 사람들이 어떻게 반응하는가를 연구하고자 했다. 1954년 한 신문의 기사 제목이 그의 흥미를 일깨웠기 때문이다. 기사 제목은 다음과 같았다. '클라리온 행성의 예언: 홍수를 피하라. 12월 21일, 홍수가 우리를 덮친다.'

이 기사는 '일곱 광선 형제단The Brotherhood of Seven Rays'이라는 이상한 종교집단에 관해 다루었다.[1] 일곱 광선 형제단은 시카고에 거주하는 가정주부 도러시 마틴Dorothy Martin의 비밀스러운 정보를 바탕으로 만들어졌는데, 신도들은 그녀를 '시스터 테드라'라고 불렀다. 도러시 마틴은 클라리온이라는 외계 행성으로부터 텔레파시 메시지를 받았다며, 외계인들이 곧 다가올 지구 종말의 날짜를 알려주었다고 주장했다. 그녀는 1954년 12월

21일 새벽 거대한 홍수가 미국과 유럽을 덮치고 이어 어마어마한 지진이 일어날 터인데, 오직 제때 형제단에 가입한 사람만 살아남을 수 있다고 했다. 외계인들이 자비를 베풀어 UFO를 보내 신도들을 클라리온 행성으로 데려가기로 했다는 것이다.

꽤나 흥미로운 이야기였다. 페스팅거는 연구를 위해 두 동료와 함께 형제단에 잠입했다. 형제단 사람들은 이미 탈출을 준비하고 있었다. 직장을 그만두고, 집과 다른 재산들을 모두 팔아 공동체에 기부했으며, 형제단에 가입하지 않은 친구들과 절연하고, 믿지 않는 배우자에게 이혼장을 내밀었다. 선택받았다고 믿는 이들은 종말을 피하고자 사실상 모든 것을 투자했다.

준비기간 동안 누구도 의심하지 않는 것 같았다. 형제단은 잘 조직되어 있었고, 구원은 순조롭게 진행되는 듯했다. 그리고 12월 17일 정오, 시스터 테드라는 새로운 메시지를 전했다. '캡틴 비디오Captain Video'라는 존재가 우주에서 전화를 걸어왔는데, UFO가 이미 오고 있으며 오후 4시 자기 집 뒷마당에 착륙할 예정이라는 내용이었다. 신도들이 모여들었고, 어떻게 알았는지 기자들도 그 자리에 와 있었다. 기자들은 신도들이 비행을 준비하기 위해 지시에 따라 면도칼로 옷의 지퍼와 기타 금속 부품을 잘라내는 광경, 여성들이 브래지어까지 벗는 모습을 지켜보았다. 그리고 4시가 되었다. 하지만 날아오는 비행접시는 눈 씻고 봐도 보이지 않았다.

형제단원들은 계속 기다렸다. 몇 시간이 지나고서야 몇몇 사람들이 이게 어찌된 일일까 조심스레 고민하기 시작했다. 어떤 기자가 흥미로운 기삿거리를 얻기 위해 캡틴 비디오라고 사칭한 걸까? 아니면 시스터 테드라가 상당히 멍청한 사람이거나 사기꾼인 걸까? 하지만 그런 생각을 입 밖에 내는 사람은 아무도 없었다.

형제단원들은 지적으로 굉장히 월등한 외계인들이 예행연습을 시킨 것이라는 결론에 도달했다. 이로써 시스터 테드라의 예언에 대한 모든 의심은 종식되었다. 단원들은 클라리온의 외계인들이 다시 한번 의지를 다졌으며, 구원 작전이 임박했다고 여겼다. 결국 그들은 전보다 더 단호하게 종말에 대비하기로 하고 흩어졌다.

바로 여기에 형제단원으로 위장한 레온 페스팅거가 추후 '인지부조화'라고 명명한 의식의 분열이 있었다. 선택받은 자들은 우주선 같은 건 없음을 정확히 알고 있으면서도, 동시에 그것을 알지 못하는 듯이 행동했다.

외계인의 메시지

12월 20일, 예언된 홍수가 일어나기 전날 시스터 테드라는 우주로부터 새로운 메시지를 받았다. 그녀는 클라리온의 외계인들이 정확히 자정에 선택된 자들을 데리러 올 예정이며, 선택된 단원들은 자동차를 타고 준비된 우주선으로 갈 계획이라고 했다. 이 중요한 밤, 기자들을 따돌리고자 시스터 테드라는 단원들을 자신의 집으로 초대했다. 신도들은 예행연습 때보다 더 세심하게 모든 금속 물체를 제거한 뒤 외투를 개켜 무릎에 올려놓은 채 자리에 앉았다. 그들은 지구를 떠날 준비가 되어 있었다. 말하는 사람은 아무도 없었다. 거실엔 정적이 감돌았고, 커다란 벽시계가 종말까지 남은 몇 분간 재깍거리는 소리만이 선명하게 들렸다.

자정 1분 전, 우주선이 도착할 기미가 보이지 않자 한 남자가 속삭였다. 벽시계가 잘못되었나봐. 그는 벽난로 선반 위의 두 번째 시계를 가리켰다. 그 시계는 정말로 10분 더 느리게 가고 있었다. 사람들은 벽시계의 시곗바늘을 제대로 맞췄다. 새로 조정한 시계로 자정이 되기 1분 전, 시스터 테드라는 희망에 차서 외쳤다. "아직 그 어떤 계획도 빗나가지 않았어요." 우려스러운 점은 여전히 클라리온의 외계인들이 모습을 나타내지 않고 있다는 사실이었다. 한 사람이 누군가 아직 금속 조각을 몸에 지니고 있는 거 아니냐고 물었다. 사실이었다. 한 단원이 치아를 아말감으로 때웠다는 사실을 잊고 있었던 것이다. 사람들은 그의 이빨을 뽑았다. 하지만 우주선은 여전히 오지 않았다.

기자들이 전화를 걸어와 세계 종말이 어떻게 되었느냐고 물었다. 시스터 테드라는 대답을 거부했다. 새벽 2시 30분경 시스터 테드라는 텔레파시로 새로운 지시를 받았다면서 커피를 마시며 좀 쉬라고 했다. 우주선이 출발했다는 것이다. 긴장된 분위기 속에서 몇몇은 속았다는 생각에 눈물을 흘렸다.

예고된 종말까지 두 시간도 채 남지 않은 새벽 4시 45분, 시스터 테드라가 사람들 앞에 나섰다. 그러고는 외계인들이 다시 한번 연락을 해왔다고 전하며, 떨리는 손으로 종이쪽지를 꺼내 들고 텔레파시 메시지를 낭독했다. "이 작은 그룹이 밤새 깨어 많은 자비와 빛을 확산시켰기에, 우주의 신이 지구를 파괴하지 않고 구해주기로 했다."

이것이 클라리온 행성의 지능 높은 외계인들이 테드라의 입을 통해 인류에게 전한 구원의 메시지였다. 누가 이 말을 반박할 수 있단 말인가. 예언은 사실이었다. 신은 정말로 지구를 파괴하려 했다. 일곱 광선 형제단이 초인적인 노력으로 죽음의 공포를 견딘 것은 쓸데없는 일이 아니었다. 선택받은 자들이 그토록 훌륭한 태도를 보여주었기에, 1954년 12월 21일의 태양이 떠오를 수 있었고 지구도 계속 건재할 수 있었다. 클라리온의 외계인들은 인간에게 선의를 가지고 있었다. 다음 날 아침 시스터 테드라는 이렇게 설명했고, 기자들은 어안이 벙벙해졌다.

인지부조화의 발견

레온 페스팅거는 자신이 본 것이 그저 터무니없는 세계관을 절망적으로 부여잡고 지키려 하는 특이한 사람들의 행동만은 아님을 깨달았다. 일곱 광선 형제단의 기이한 견해와 기괴한 행동에는 아주 이성적인 사람이라도 얽혀 들어갈 수 있는 모순이 숨어 있었다. 이 같은 모순은 자신의 행동이 현실이나 신념과 배치될 때, 혹은 둘 다와 어긋날 때 생겨난다.

사람들은 상황이 오래전에 바뀌었음에도 자신이 내렸던 결정이나 습관을 고수하곤 한다. 그 결정이나 습관이 자신이 옳다고 여기는 원칙들과 어긋날 때 고통스러운 불일치가 생겨난다. 익숙한 생활방식과 현실 인식 사이의 괴리는 전 사회를 뒤흔들어놓을 수도 있다. 예를 들어 자신의 자원 소비가 삶의 기반을 파괴하고 있음이 명백해지거나, 이전에는 위험하지 않다고 여겼던 강대국이 갑자기 전쟁을 일으킬 때가 그렇다. 이런 경우 불안이 생겨난다. 1954년 12월 사이비 종교의 신자들이 크리스마스 전에 세계가 멸망하지 않으리라는 사실을 깨달았을 때처럼 말이다.

페스팅거는 이런 정신상태를 '인지부조화'라 불렀다. 사회심리학자인 그는 인지부조화가 행동과 현실 경험 사이의 모순에서 발생하기에, 이를 극복하는 방법은 두 가지라고 설명했다.

행동이나 현실 지각 중 하나를 변화시켜야 한다는 것이다. 우주선이 오지 않았을 때 시스터 테드라와 추종자들은 오류를 인정한 후 형제단을 해산하고, 평범한 삶으로 복귀할 수도 있었다. 하지만 형제단원들은 그것을 원하지 않았다. 그래서 그들은 현실을 새롭게 해석할 수밖에 없었다.

페스팅거의 결정적 통찰은, 인지부조화를 겪는 당사자의 입장에서는 위에서 말한 두 가지 극복법이 동일한 가치를 지닌다는 사실이다. 진실 추구는 도덕적 범주에 속하지만 뇌의 기능과는 무관한데, 뇌는 생명체의 생존과 번식 가능성을 높이기 위해 진화했지 세상을 올바로 인식하거나 정직한 증인이 되기 위해 발달하지 않았다는 것이다. 그리고 많은 경우, 인지부조화에서 벗어나기 위해 행동을 변화시키기보다 현실주의를 희생하는 편이 더 쉽다는 것이다.

예측부호화 이론

대부분의 경우 현실을 직시하는 편이 더 나을 것이다. 그냥 무시한다고 해서 문제가 저절로 해결되는 경우는 드물다. 그런데 대체 무엇이 현실을 직시하는 일을 꺼리게 만드는 걸까? 현실을 있는 그대로 바라보면 더 나은 결정을 내릴 수 있을 텐데도, 우리는 모순이 사라지는 가상의 세계로 도피해버리곤 한다. 자신의 행동이 종종 일관성이 없고, 때로는 스스로의 원칙에 위배되며, 왕왕 불합리하게 보이기도 한다는 사실을 인정하기가 왜 그리 어려울까? 어째서 우리는 자신에게 해가 될 것이 뻔한 결정과 습관을 부여잡고 바꾸지 않는 걸까?

변화를 원한다면 이런 질문에 맞서야 한다. 변화에 대한 거부감이 어디서 연유하는지를 모르는 한, 그것을 극복할 수 없기 때문이다. 흔히 사람들은 자기 정체성을 지키기 위해 신념을 고수한다고들 한다. 습관을 버리지 못하는 이유는 변덕스러워 보이고 싶지 않기 때문이라고도 한다. 맞는 말이다. 바람에 나부끼는 나뭇잎처럼 보일까 봐 염려하는 심리도 분명 작용할 것이다. 하지만 이런 심리적 가설만으로 현실도피 경향을 충분히 이해할 수 있을까? 그렇지 않다. 어떤 사람이 의견을 바꿈으로써 자신의 학습능력을 증명할 수 있다면, 의견을 바꾸는 행위를 오히려 강점으로 볼 수 있지 않을까? 그런데도 우리가 현실에서 도피해 곧잘 환상에 굴복하는 데에는 더 깊은 원인이 있음에 틀림없다.

신경과학은 2000년대 초에야 이 같은 경향에 대해 설득력 있는 설명을 제시하기 시작했다. 뇌가 어떻게 현실을 인식하고, 그 인식을 토대로 어떻게 결정을 내리는지에 대한 새로운 이해가 생겨난 것이다. 이에 따르면 우리의 지각, 감정, 사고, 행동은

그림 1. 어느 칸이 더 밝을까?

모두 놀라움을 피하려는 데 초점이 맞추어져 있다. 뇌는 끊임없이 현실을 자신의 기대와 일치시키고자 한다.

체스보드가 등장하는 앞의 〈그림 1〉 중 위쪽을 보면, 누구나 흰색 칸인 W가 검은색 칸인 S보다 더 밝다고 단언할 것이다. 하지만 사실은 그 반대다. 사진의 나머지 부분을 가린 아래쪽 이미지에서는 W칸이 S칸보다 어두워 보인다. 그러나 다시 병의 그림자가 드리운 위쪽 사진을 보면, W칸이 여전히 밝아 보인다. 뇌가 서로 다른 빛 조건을 고려하기 때문이다. 뇌는 그림자가 없었다면 W칸이 어떻게 보였을지를 감안해, W칸의 색을 인식한다. 결국 우리는 체스보드의 흰 칸이 검은 칸보다 더 밝으리라고 예상하게 된다.

우리는 방금 예측부호화predictive coding의 원리를 경험했다. 빠르게 발진 중인 예측부호화 이론은 현재 우리의 사고와 행동에 대해 가장 적절한 설명을 제공한다.[2] '예측'이라는 단어는 우리의 이성이 사실 대신 예측에 의존한다는 걸 말해준다. 즉 모든 지각, 판단, 결정은 편견을 기초로 한다는 의미다. 체스보드의 경우, 선입견은 흰 칸이 검은 칸보다 더 밝아야 한다고 말한다. 예측부호화 이론은 뇌가 어떻게 세계관을 구성하고 지각과 행동을 연결하는지를 보여준다. 이 이론은 우리가 충분한 정보를 바탕으로 더 나은 인식을 할 수 있음에도 왜 편견과 습관을 고수하는지를, 어째서 인식의 오류를 범하고 있다는 사실조차 깨

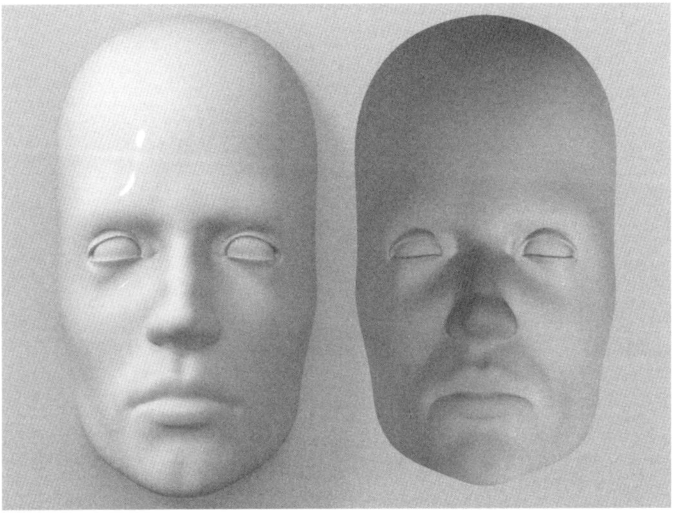

그림 2. 두 개는 같은 가면일까?

닫지 못하는지를 알려준다. 또한 사람들과 사회가 변화를 기피하는 이유가 무엇인지도 설명해준다. 뇌는 일종의 환상을 만들어내는 기계이며, 예측부호화는 모든 환상의 어머니다.

〈그림 2〉는 또 하나의 착시현상을 보여준다. 똑같은 가면이 두 개 제시되는데, 둘 다 얼굴이 볼록해 보인다. 이제 오른쪽 사진을 자세히 관찰해보자. 뭔가 어색한 것을 느낄 수 있는데, 그림자가 이상하다. 빛이 위쪽에서 떨어지기라도 하듯 코끝이 코의 왼편보다 더 밝다. 그렇다면 코의 오른편에 강한 음영이 드리워진 건 어찌된 일일까? 또 관자놀이가 이마의 넓은 부분보다 더 밝은 이유는 무엇일까?

사실 오른쪽 사진은 가면의 안쪽이고, 왼쪽 사진은 바깥쪽이다. 두 얼굴이 서로의 거울상인 것이다. 오른쪽 가면은 실제로는 볼록하지 않고 오목하며, 코끝이 가장 깊은 지점이다. 우리가 오목한 공간을 들여다보고 있는 것이므로, 그림자는 전혀 문제가 없다. 두 가면 모두 오른쪽에서 빛을 받고 있다.

그런데 이 사실을 안다 해도, 오른쪽 가면은 절대 오목해 보이지 않는다. 뇌가 눈으로부터 받는 신호는, 얼굴은 원래 볼록하다는 기대와 배치된다. 이런 인지부조화를 피하기 위해 뇌는 그림자에 대한 정보를 무시해버린다. 인터넷에서 이 가면이 회전하는 영상을 찾을 수 있는데, 영상으로 보면 착시현상을 더 인상적으로 경험할 수 있다. 카메라가 가면의 안쪽을 비추자마자, 갑자기 가면이 방향을 바꾸어 반대로 회전하는 것처럼 보인다.[3]

이런 현상은 단순한 착시를 넘어선다. 도발이라고 해야 할까? 우리는 지각을 마치 카메라처럼 상상한다. 사실을 편견 없이 냉정하게 묘사한다고 믿을 때 우리는 '객관적objective'이라는 말을 쓴다. 하지만 실은 가장 기본적인 지각조차도 세계를 있는 그대로 보여주지 않고, 우리의 선입견에 부합하는 모습으로 보여준다. 모든 정신활동의 출발점에는 기대가 있다. 여기서는 얼굴 모양에 대한 기대가 있고, 우리는 그 기대에 비추어 현실을 보려고 한다. 셜록 홈즈가 추구하는 치밀한 정확성과는 정반대다. 가면의 경우, 우리는 모순되지만 부인할 수 없는 정보를 무시해버린다. 체스보드의 경우, 이성은 눈이 전달해주는 데이터를 왜곡하기까지 한다.

뇌가 비효율을 극복하는 방식

우리에게 사실로 보이는 것들은 환상일 뿐이다. 몇 가지 핵심적 자극만으로도 환상을 만들어내기에 충분하다. 눈·코·입의 배열, 밝은 사각형과 어두운 사각형이 번갈아 배치된 체스보드는 (뇌 속에서) 기대를 불러일으킨다. 이런 기대로부터 이미지를 떠올릴 만큼, 얼굴과 체스보드를 충분히 많이 봐왔을 것이다.

보통의 경우, 환각과 감각기관이 제공하는 데이터가 꽤 잘 일치해서 우리는 무리 없이 살아갈 수 있다. 그러나 모순이 있으면 인지부조화가 발생해 심리적으로 불편해진다. 이때 두 가지 선택지가 있다. 첫 번째는 우리의 생각을 수정하는 것이다. 가령 우리는 얼굴이나 체스보드를 보통 컬러로 기억하는데 이 책에서는 흑백으로 등장한다. 그리하여 내면의 눈앞에 그려지는 이미지에서 색깔이 지워진다. 사진을 다시 보면 이 단계는 더 이상 필요하지 않다. 이제 자신이 기대하는 바가 무엇인지 알고, 그에 맞춰 표상을 조정했기 때문이다. 학습은 그렇게 이루어진다.

두 번째 방법은 모순을 부인하면서 인지부조화를 해결하는 것이다. 우리가 가면과 체스보드를 관찰할 때 그런 일이 일어났다. 우리는 헷갈리는 정보들을 너무나도 자주, 아주 확실하게 지워버리기에 그렇게 하고 있다는 것조차 인식하지 못하는 경우가 많다. 우리는 환상을 보며 세상이 제대로 돌아가고 있다고 생각한다.

우리가 끊임없이 기대와 사실을 혼동한다고 해서, 이성이 제대로 작동하지 않는다는 뜻은 아니다. 그 반대다. 뇌는 그렇게 해야만 생명체의 생존과 번식을 위해 제 기능을 할 수 있다. 뇌는 느리게 작동한다. 반짝이는 빛을 인식하는 일 같은 아주 간단한 과제를 수행하는 데도 200~300밀리초가 소요된다. 더 까다로운 문제들은 이성의 능력을 더 오래 사용해야 한다. 이 점만 생각해도 현실이 기대와 맞지 않을 때, 적당히 넘어가려는 유혹이 생길 수밖에 없음을 알 수 있다. 모순을 해소하려면 늘 노력이 들어가는데, 이것이 언제나 이익을 가져다주지도 않기 때문이다.

다른 한편으로 지각하고 느끼고 생각하는 그 모든 일은 에너지를 잡아먹는다. 인간의 뇌는 체중의 2퍼센트 정도에 불과하지만, 다른 어느 기관보다 신진대사를 더 필요로 한다. 신체가 소비하는 에너지의 20퍼센트를 뇌가 쓴다.

그리하여 뇌는 예측을 통해 자신의 느림과 비효율성을 극복한다. 예측부호화를 통해 뇌는 환경보다 앞서나간다. 더욱이 뇌는 매우 경제적으로 일한다. 매 사건에서 세부사항을 새롭게 관찰하는 대신 선입견에 의지하는 것이다. 우리가 경험하는 세계는 마치 통조림처럼 저장되어 있다가 나온다고 할 수 있다.

뇌는 미래에 산다

우리는 끊임없이 '만약 …하면 어떻게 할까'를 가정하면서 살아간다. 인식뿐 아니라 모든 행동 역시 기대를 따르기 때문이다. 우리 뇌는 어떤 행동을 하기 전에 예측을 만들어낸다.

대부분의 예측들은 단순하다(배가 고프면 부엌으로 가면 돼). 하지만 복잡한 예측들도 있다(파트너와 여행을 가면 다시 사이가 좋아질 거야. 유럽의 농업정책에 반대하는 시위에 참가하면 희귀 곤충의 멸종을 막을 수 있을 거야. 종말이 오기 전에 형제단 사람들과 함께 외계 행성으로 도피하면 목숨을 구할 수 있을 거야).

예측에는 환경에 대한 기대뿐 아니라, 우리가 그 환경에서 어떻게 해야 할지에 대한 평가도 담겨 있다(냉장고에서 음식을 꺼내 먹으면 배고픔이 사라질 거야). 그렇게 우리는 여러 선택지 중에서 실현 가능하고 바람직한 안을 선택한다(푸딩을 공략하는 편이 셀

러리를 먹는 것보다 더 맛있고, 배고픔도 더 효과적으로 해소할 수 있을 거야).

뇌가 특정 예측을 바람직하다고 판단하면, 뇌는 그 기대를 실현하려 한다. 우리는 예측이 이루어지게끔 행동한다(혀에는 초콜릿의 뒷맛이 감돌고, 배는 부르다). 다시 말하지만, 뇌의 주요 목표는 현실을 인식하는 것이 아니다. 오히려 현실과 기대를 일치시켜 우리가 원하는 현실을 만들어내는 것이 목표다. 예측 가능한 세계에서는 이렇게 사는 데 무리가 없다. 그리하여 사람들은 새로운 것을 불신한다. 모든 변화는 우리의 예측을 위태롭게 하기 때문이다.

황소일까, 코끼리일까

현대 뇌과학이 부상하기 훨씬 이전에 지각과 사고와 행동 간의 연관성을 인식했던 선구자가 있었다. 바로 루트비히 비트겐슈타인이다. 20세기 가장 영향력 있는 철학자인 비트겐슈타인은 1953년에 출간한 저서 《철학적 탐구》에서 모호한 이미지에 대해 고찰했다.[4] 그는 당시 유명했던 그림을 활용했는데 그 그림은 토끼의 머리로도 오리의 머리로도 볼 수 있지만, 동시에 둘 다를 인식할 수는 없다. 사실 이 같은 현상은 고대 인도에서도

그림 3. 어떤 동물이 보이는가?

알려져 있었다. 위의 그림은 타밀 지역 한 사원의 부조를 보여준다.[5] 이 부조는 약 900년 된 것이다. 자, 어떤 동물이 보이는가?

이 부조를 한참 관찰하면 황소와 코끼리가 보일 것이다. 머리가 하나로 되어 있으며, 황소의 뿔은 코끼리의 코가 된다. 하지만 이를 인식하려면 어떤 기대가 필요하다.

오른쪽 형상의 기둥 같은 다리를 코끼리의 다리로, 왼쪽 형상의 뒤쪽 몸을 황소의 것으로 인식해야 비로소 각각의 머리가 보인다. 하지만 우리는 이 두 머리를 결코 동시에 지각할 수는 없다. 우리가 그 머리들을 형태 자체로 인식하지 않고, 어떤 해석을 전제로 형태를 읽어내기 때문이다. 즉 황소로 해석할 것이냐, 코끼리로 해석할 것이냐에 따라 머리도 그에 상응하게 지각하는 것이다. 비트겐슈타인은 본다는 것은 늘 세상을 "무언가로서" 보는 것이라고, 즉 어떤 기대를 전제로 보는 것이라고 설명했다. 한편으로 기대의 힘은 우리로 하여금 어떤 사실을 잘못 해석하게 만든다. 그리고 다른 한편으로 (기대의 힘은) 불만족스럽지만 익숙한 상태를 변화보다 더 선호하게 만든다.

최상의 경우, 우리는 잘못된 기대를 수정할 수 있다. 하지만 그러려면 우선 기대를 기대로서 인식해야 한다. 비트겐슈타인은 모든 관점이 편견을 바탕으로 했음을 깨닫지 못하는 사람들을 일컫는 새로운 개념을 창안했다. 바로 '관점맹aspect blindness'이라는 개념이다. 관점맹인 사람들은 자신의 지각과 자신의 생각을 현실 그 자체로 착각한다. 우리 모두는 (적어도 가끔은) 관점맹이 되어 살아간다.

4장

착각2 새로움을 향한 열망이 행동을 결정한다

맨 처음 맥주를 마신 때는 비가 내리던 학교 소풍날이었다. 그때의 망설임을 평생 잊지 못할 것이다. 소풍을 마친 후 집으로 돌아가는 기차를 한 시간이나 기다려야 했는데, 날씨가 추웠으므로 우리 여섯 명은 역에 있는 식당으로 들어갔다. 종업원이 테이블로 왔을 때 나의 단짝 친구가 아주 씩씩하게 맥주를 주문했다. 당시 열네 살도 채 되지 않았던 나는 반에서 가장 어렸지만, 종업원은 우리의 나이를 문제 삼지 않았다. 어쨌든 우리는 바이에른에 있었으니까.

옆 테이블에서 어른들이 건배하는 모습을 힐끗거리고 있는데, 종업원이 쟁반을 들고 나타났다. 나는 맥주 거품을 홀짝였고 따가운 시선이 쏟아졌다. 맥주는 정말로 혐오스런 맛이 났다. 쓰고 달착지근하고 끈적한 맛이 동시에 느껴졌다. 나는 어찌어찌하여 이를 악물고 잔을 비웠다. 취기가 느껴졌는지는 기억이 나지 않는다. 선생님이 봤는지 안 봤는지도 알지 못한다.

그 이후 기회가 있을 때마다 몇 번 더 맥주를 마셔보고 나서는, 나는 맥주가 세상에서 가장 맛있는 음료임을 확신하게 되었다.

익숙한 것을 사랑하는 이유

아무도 내게 새로운 취향을 가지라고 설득하지 않았다. 그럴 필요도 없었다. 내가 의식적으로 선호도를 바꾼 것도 아니었다. 자연스럽게 그리 되었을 뿐이다. 나는 그저 (좋아하지 않는) 맥주를 몇 번 마셔보았을 뿐인데, 이 단순한 접촉이 금세 효과를 발휘했다. 단순노출효과, 이것은 심리학에서 가장 강력하고 가장 잘 연구된 현상 중 하나다. 이는 사람들이 특정 자극에 여러 번 노출되면, 이 자극을 유쾌하게 여기게 된다는 이론이다. 선호도는 단순한 반복을 통해 생겨난다.

단순노출효과는 모든 삶의 상황에서 나타나며 모든 감각에 작용한다. 이것은 우리가 무엇을 좋게 여기고, 무엇을 추하게 여길지를 결정한다. 이 효과는 사랑의 관계를 만들어내고 지속시키며 우정도 그 덕에 유지된다. 광고, 정치(가로등마다 붙은 정치인의 얼굴을 보라), 인기 라디오방송, 종교의식들도 단순노출효과를 활용한다.

지루한 나머지 일상에 변화를 주고 싶을 때조차 대부분 익숙한 것을 선택한다. 저녁에 집에 있다가 심심해지면 어디에 갈까? 대체로 단골 음식점에 가서 음식과 술을 주문하고 사람들과 수다를 떤다. 수십 년 넘게 늘 같은 곳으로 휴가를 떠나는 사람도 많다. 길가의 바위 하나하나까지 다 알고 있는 곳으로 말이다. 한번 생각해보자. 당신은 자기 고향이 지구에서 가장 아름다운 곳으로 느껴지는 이유를 자문해본 적이 있는가?

단순노출효과는 미국 심리학자 로버트 자이언스가 발견한 개념이다.[6] 1960년경 그는 참가자들을 진부한 자극에 반복 노출시키는 실험을 진행했다. 자이언스는 대학생들에게 그들이 전혀 알지 못하는 한자들을 보여주었는데, 그중 몇몇 한자를 유독 자주 보여주었다. 그러자 친숙해지는 것만으로도 선호도가 발달했다. 학생들은 자주 본 글자일수록 마음에 들어했다. 심지어 낯익은 글자를 보면 그들의 기분도 좋아졌다. 라디오를 듣다가 잘 아는 히트곡이 나올 때 기뻐하듯이 말이다.[7]

자이언스 이래로 수많은 연구자들이 각종 자극으로 이 효과를 시험해보았다. 낯선 사람의 얼굴을 반복적으로 보여주자 그 얼굴에 호감을 느끼는 것으로 나타났다. 서양인이라 해도 동양의 민속음악을 자주 접하면 그 음악에 끌리는 것으로 증명되었다. 통제된 실험 결과, 특정 음식이나 음료를 계속 먹으면 그것들을 훨씬 맛있게 느낀다는 사실이 발견되기도 했다.[8] 익숙한 것을 좋아하는 것은 인간뿐이 아니었다. 심지어 유정란에서도 이 효과가 관찰되었다. 학자들이 유정란에게 특정 소리를 들려주자, 그 달걀에서 부화한 병아리들은 나중에 그 소리를 선호했다.[9]

자이언스가 놓친 것

자이언스는 새로운 것들은 잠재적 위협을 의미한다고 보았다. 모든 생명체는 안전을 필요로 하기에 익숙한 것이 매력을 발휘한다는 논리다. 사람들은 위험하지 않은 상황에서 접했던 자극을 기억 속에서 그때의 안전한 상황과 연결시킨다. 그런 자극이 유쾌하게 인식되는 이유다. 반면 기억을 불러일으키지 않는 자극, 즉 낯선 것을 암시하는 자극은 일반적으로 거부하게 된다. 이것이 모든 생명체가 본능적으로 변화에 대해 거부감을 느끼는 이유일까?

자이언스의 이론은 일리가 있지만, 많은 의문점들 역시 존재한다. 우선 친숙한 것을 좋아하는 현상은 너무나 보편적이어서, 그 현상을 단순히 미지의 위험에 대한 두려움만으로는 설명하기 어렵다. 단순히 마음의 안정만이 중요하다면 록음악 팬은 왜 모차르트의 〈작은 소야곡〉이 아닌 헤비메탈을 듣는단 말인가?

두 번째로 자이언스는 자신의 가장 놀라운 발견이라 할 만한 것을 설득력 있게 설명해내지 못했다. 사람들은 이미 노출된 경험이 있는 자극을 선호하는데, 과거 그 자극을 접한 적이 있다는 사실을 모르고도 그렇게 한다는 발견 말이다. 여러 실험에서 자이언스는 한자를 몇 밀리초 동안만 보여줌으로써, 실험 대상이 그 한자를 보았다는 사실을 잠재의식상으로만 인지하게 했다. 하지만 이렇게라도 자주 보여준 한자를 다시 접하면, 피실험자들의 기분이 좋아졌다. 왜 기분이 좋은지 알지 못한 채로 말이다.[10]

더욱 흥미로운 점은 의식하지 못하도록 빠르게 노출시킨 한자들이 의식할 수 있게끔 긴 시간 보여준 한자들보다 실험 대상자들의 기분을 더 좋게 만들었다는 사실이다.[11] 우리는 이미 보거나 듣거나 맛본 것을 선호하는데, 심지어 우리가 그것들을 안다고 의식하지 못할 때도 그렇게 한다는 것이다. 이 결과만 보아도 단순노출효과를 그저 안전한 상황의 기억이 심리를 안정시키기 때문이라고 해석하기는 어렵다.

호기심이라는 문제

세 번째로 자이언스 이론이 간과하고 있는 부분은, 미지의 것이 위험뿐 아니라 기회도 갖고 있다는 사실이다. 진화는 이를 고려해 또 하나의 강력한 힘이 낯선 것에 대한 두려움과 균형을 이루도록 했다. 바로 호기심이다. 호기심은 인간에게 내재된 가장 강한 원동력 중 하나다. 호기심은 생존에 필수적이다. 그것이 학습을 가능케 하기 때문이다.[12] 호기심은 우리가 미지의 것을 견디게 해줄 뿐 아니라, 심지어 그것들을 기꺼이 찾아 나서게 해준다.

호기심이 없었다면 우리 조상들은 결코 대양을 건너 미지의 대륙으로 이주하지 못했을 것이다. 산악인들은 결코 에베레스트산을 오르지 못했을 것이고, 우주비행사들은 달에 발을 디딜 수 없었을 것이다. 호기심이 없었다면 '호모Homo'는 동아프리카 초원의 변변찮은 영장류로 남았으리라. 호기심은 변화를 가능케 한다. 우리의 문명을 구성하는 모든 것이 호기심에서 비롯되었다. 호기심은 과학자들이 점점 더 커다란 망원경으로 밤하늘에서 빅뱅의 비밀을 탐구하게 하고, 우리 자신의 게놈을 해독하게 한다. 레오나르도 다빈치가 〈모나리자〉를 그린 것도, 루트비히 판 베토벤이 수년에 걸쳐 하나의 교향곡을 작곡한 것도, 믹 재거가 기타를 손에 잡은 것도 모두 호기심 때문이었다.

물론 모든 사람이 세계일주를 하고 싶어 하는 것은 아니고, 모두가 타고난 탐험가인 것도 아니다. 호기심의 정도는 사람들마다 굉장히 차이가 난다. '새로운 경험에 대한 개방성'은 심리검사에서 중요하게 측정되는 대표적인 성격특성 중 하나다. 특정 상황에 호기심을 보이는 사람은 일반적으로 탐구의 기쁨을 느끼기가 쉽다. 성실성이나 친화성 같은 특성의 경우는 처한 상황에 의해 크게 좌우된다. 그러므로 누군가를 기본적으로 까다롭다거나 배려심이 없는 사람이라고 규정하는 건 부당한 일일 때가 많다. 반대로 새로운 경험에 대한 개방성의 유무는 선천적으로 결정된다고 할 수 있다.[13]

모든 성격특성 중 개방성은 유전적 영향이 가장 강하다. 호기심이 많은 사람은 호기심이 많은 부모 아래서 자랐을 확률이 높다. 많은 연구 결과는 이런 차이가 뇌의 특정 도파민 수용체 생성을 조절하는 유전자에서 비롯된다는 사실을 보여준다.[14] 하지만 아이러니하게도 호기심이 많은 사람들 역시 단순노출효과를 보인다. 낯선 경험을 추구하는 그들도 익숙한 것을 선호한다. 다만 익숙한 자극이 너무 자주 주어지는 경우, 호기심이 많은 사람들은 호기심이 적은 사람들보다 더 빨리 지루함을 느낀다.[15]

그럼 소심하고 정서적으로 불안한 사람들은 어떨까? 단순노출효과가 미지의 것에 대한 두려움으로 설명된다면, 친숙한 것은 불안한 사람들에게 특히나 매력적으로 느껴져야 한다. 하지만 실제로는 반대다. 누군가가 일반적으로 불안 경향이 있든 아니든, 혹은 특정 상황에서 불안과 걱정을 느끼는지와 상관없이 불안은 친숙한 것을 선호하게 만드는 단순노출효과를 약화시킨다.[16] 따라서 새로운 것이 기분 나쁘고 두렵게 다가오기에 우리가 새로운 것을 계속 기피한다는 이론은 최종적으로 맞지 않다고 하겠다.

뇌는 에너지를 덜 써야 좋아한다

낯선 것에 대한 두려움 때문이 아니라면 사람들은 무슨 이유로 친숙한 것을 선호하는 걸까? 이 질문에 대한 답은 자극을 여러 수준으로 조절하는 실험을 통해 밝혀졌다. 한 실험에서 연구자들은 참가자들의 뺨에 아주 미세한 미소도 감지할 수 있는 은전극을 붙였다. 눈썹 가장자리와 눈가 근처에도 전극을 붙여 웃을 때 생기는 잔주름을 만드는, 무의식적인 근육 움직임까지도 측정하도록 했다. 그런 다음 참가자들에게 집, 자동차, 의자 등 일상에서 흔히 만나는 사물들의 이미지를 보여주었다. 어떤 그림에서는 윤곽선들이 미묘하게 더 진했고, 어떤 그림에서는 윤곽선이 살짝 흐릿하게 표현되었다.

그림의 윤곽이 뚜렷할수록 참가자들의 얼굴에 나타나는 미세한 미소 반응이 더 자주 감지됐고, 그때마다 참가자들 대부분은 이미지 속 사물이 마음에 든다고 답했다. 또한 그들은 모니터에 0.2~0.3초 정도 더 오래 떠 있는 이미지들을 선호했다. 쉽게 지각할 수 있는 그림일수록 더 마음에 들어하는 것이 틀림없었다. 즉 뇌는 에너지를 적게 들여도 되는 경우에 긍적적 감정으로 우리에게 보상을 주는 셈이다. 연구자들은 이 연구 결과를 이렇게 정리했다. "편안한 마음은 얼굴에 미소를 자아낸다."[17]

뒤이은 실험은 단순노출효과와의 연관성을 입증했다. 가령 참가자에게 어떤 이미지의 윤곽을 의식적으로 깨닫지 못하도록 0.02~0.03초간 먼저 노출한 뒤 제대로 이미지를 보여준 경우, 그들은 제시된 대상을 더 빨리 인식할 뿐 아니라 그것을 더 마음에 들어했다.[18] 또한 상대가 한 문장의 마지막 단어를 말할 때, 예측 가능했던 단어가 나오면 사람들은 유쾌하게 느끼는 듯했다. 따라서 사람들은 '하품'이라는 단어를 '진주'라는 단어보다 선호할 수 있다. '지루한 여대생이 입을 벌리고 ○○했다'에서는 하품이라는 단어를 자연스럽게 연상할 수 있지만, '이브닝드레스에 빠진 것은 ○○였다'에서는 진주라는 단어를 예상하기가 힘들기 때문이다.[19]

이 두 실험의 배후에는 앞에서 살펴보았던 예측부호화 이론이 있다. 뇌는 계속해서 예측을 하고, 이 예측을 확인하려 하면서 현실에 대한 상을 만든다. 만약 이미 자극이 익숙한 상태에서, 그 자극이 다시 등장하면 기대가 충족되는 것이다. 여대생이 지루해서 입을 벌렸다면, 당연히 '하품'을 할 가능성이 높다.

반면 이브닝드레스에서 '진주'가 빠졌다는 건 예측이 쉽지 않다. 그리하여 서로 다른 정서적 반응이 나오는 것이다. 예측이 적중했을 때 기쁘지 않을 사람이 누가 있을까? 이 기쁨에는 단순히 자신의 옳음을 확인한 것보다 더 깊은 이유가 있다. 예측이 맞으면, 뇌가 새로운 가설을 세울 필요가 없어 에너지가 절약된다. 그래서 우리는 이유를 모르면서도 친숙한 것을 좋아한다.[20] 사람들은 대부분 호기심이 많지만, 동시에 세상을 익숙한 방식으로 경험하고 싶어 한다. 이런 면에서 의식은 분열되어 있다고 할 수 있다.

루틴의 역할

아침에 잠에서 깨어 일어설 때 바닥에 오른발을 먼저 디디는가, 왼발을 먼저 디디는가? 사람마다 먼저 디디는 발이 정해져 있을 것이다. 자리에서 일어난 우리는 비틀거리며 욕실로 가고, 매일 아침 거의 똑같은 순서로 아침식사를 준비하며, 언제나와 같은 루틴으로 커피나 차를 만든다. 그런 다음 다시 욕실로 가서 이를 닦는다. 양치질을 할 때도 먼저 닦는 쪽이 정해져 있을 것이다. 그러고는 늘 똑같은 경로를 거쳐 출근을 한다. 수천 번까지는 아니라도 수백 번 오갔던 길을 간다. 어떤 교차로에서 어느 쪽으로 가야 할지 잠시도 고민하지 않은 채 목적지에 다다른다. 모든 것이 그냥 저절로 된다. 다른 데서 배회하던 정신이 몸속으로 돌아와 결정을 내리는 경우는 전철이 연착되거나 거리가 꽉 막혔을 때뿐이다.

직장에 도착해서는 마치 보이지 않는 손에 조종되듯 탕비실로 향했다가, 김이 모락모락 나는 커피잔을 들고 와 늘 잔을 올려두는 그 자리에 정확하게 놓는다. 저녁에는 몸이 집을 향하고 여가시간을 좀 보내다가, 아침에 찍은 영상을 다시 한번 재생하듯 똑같은 순서로 이를 닦고 언제나처럼 같은 발부터 침대에 올린다.

"우리 행동의 99퍼센트, 아마도 99.9퍼센트는 습관을 따라 자동적으로 이루어진다"고 미국의 철학자이자 심리학의 선구자인 윌리엄 제임스는 말했다.[21] 친숙한 풍경, 익숙한 맛, 귀에 익은 음악이 기쁨을 주듯 습관도 좋은 느낌을 선사한다. 가족이 식탁에 둘러앉을 때면 각자 늘 같은 위치에 앉고, 경기가 시작되기 전 응원가를 부를 때면 축구팬들의 얼굴이 환해진다. 리추얼의 매력은 종교만 갖고 있는 것이 아니다.

자신이 기대하는 바를 정확히 아는 사람들은 안정감을 느끼며, 늘 똑같은 루틴으로 살아가는 것은 시간을 효율적으로 쓰게 해준다. 습관은 질서를 부여하고 삶의 목적의식도 느끼게 해준다. 이 일반적인 설명은 우리가 습관을 따르는 이유로 충분하다. 하지만 우리가 습관대로 하는 이유가 정말로 안정감과 의미를 얻기 위해서일까? 만약 그렇다면 익숙한 것에 조금씩 변화를 주어도 나쁘지 않을 테다. 식탁에 둘러앉을 때 가끔은 평소 앉지 않던 쪽에 자리잡을 수도 있고, 칫솔질을 할 때 기존과 다른 쪽부터 닦을 수도 있다. 하지만 우리는 그렇게 하지 않는다. 사람들은 해오던 행동에 조금씩 변화를 주지 않는다. 늘 하던 대로 똑같이 해버린다.

그 이유는 예측부호화에 있다. 즉 뇌가 에너지를 절약하며 일하기 때문이다. 루틴이 없다면, 우리는 일상적 과제에 치여 힘겨운 상태가 되기 쉽다. 자전거 타기나 살사댄스, 코스 요리를 배워본 사람은 무슨 말인지 알 것이다. 뇌 속 신호 처리는 너무 복잡해서, 초보자는 이런 활동을 단번에 해내지 못한다. 오래 연습한 뒤 뇌 속에 그에 맞는 프로그램이 마련되어야만, 이 같은 일들을 수월하게 해낼 수 있다. 그리고 한번 익숙해지면 우리는 로봇처럼 정확하게 수행할 수 있다. 별다른 노력 없이 능숙하게 잘할 수 있으므로, 익숙한 일을 하는 편이 훨씬 유쾌하고 편안하다. 지각이 기대에서 비롯되듯, 행동은 습관을 요한다.

왜 맛없는 팝콘을 불평하면서 먹을까

습관은 뇌 속에 고유한 회로를 가지고 있다. 미지의 상황에서는 대뇌피질이 결정을 내리고, 루틴한 일들은 뇌 속 깊은 곳에 있는 기저핵들이 처리한다. 뇌의 중앙에 위치한 기저핵 혹은 바닥핵들은 틀에 박힌 행동을 조종한다.[22] 이 핵들은 반복되는 운동 패턴을 유발하고, 우리가 습관을 고수하도록 만든다.

습관은 대부분 이성의 고차원적 기능에서 벗어나 있기에, 의미를 잃은 지 오래된 습관도 쉽게 사라지지 않는다. "물항아리는 샘터에 너무 오래 다니다가 결국 깨진다"는 속담이 있다. 이 속담의 진실성은 케임브리지대학교의 신경심리학자들이 1980년대 초에 수행한 정교한 실험을 통해서도 증명되었다. 연구자들은 우선 쥐를 대상으로 연구를 진행했다. 쥐들은 규칙적으로 지렛대를 밟아 맛있는 곡물을 보상으로 받는 데에 익숙해져 있었다. 연구자들은 지렛대를 없애고 아무런 보상 없이 같은 먹이를 쥐들에게 주었다. 하지만 이번에는 그 곡물들에 설사약이 섞여 있었기에, 쥐들은 이 먹이를 싫어하게 되었다. 그런 다음 연구자들은 지렛대를 다시 우리에 들여놓았다. 쥐들은 어떻게 했을까? 쥐들은 연신 지렛대를 밟았다. 지렛대를 밟아서 나오는 곡물이 복통을 일으킨다는 걸 알고 있는데도 말이다.[23]

그렇다면 인간들은 더 똑똑하게 행동할까? 혹시 쥐들이 탐탁치 않은 사료를 먹었던 것처럼 영화 관람객들도 탐탁치 않은 팝콘을 먹지는 않을까? 그렇다. 로스앤젤레스 영화관에서 진행한 실험에서 어떤 참가자들에게는 갓 만든 팝콘을 주고, 어떤 참가자들에게는 만든 지 일주일이 지나 상태가 좋지 않은 팝콘을 주었다. 그런데 영화가 시작되자마자 거의 모든 사람이 팝콘을 먹었다. 신선한 팝콘을 받은 사람들만 먹은 게 아니다. 오래된 팝콘을 받은 사람들 중 평소 영화관에 가면 팝콘을 먹는 습관이 있는 사람들은 예외 없이 팝콘을 먹었다. 그들은 팝콘의 맛을 불평하면서도 계속 먹었다.[24]

왜 그렇게 했을까? 습관을 조절하는 뇌 기능은 의도적인 행동을 조절하는 뇌 기능과는 근본적으로 다르기 때문이다. 의식적인 결정은 특정한 목표를 추구한다. 영화를 볼 때 가끔만 팝콘을 먹는 사람은 맛있는 팝콘으로 미각을 충족시키거나 배고픔을 해결하기를 원한다. 이런 욕구를 충족하려는 기대로 뇌는 행동을 유도한다.

반면 영화를 볼 때마다 늘 팝콘을 먹는 관객의 뇌에서는 훨씬 단순한 반응이 일어난다. 기대가 아니라 자극이 행동을 유발하는 것이다. 이 관객은 영화관에서 갓 구운 팝콘의 달콤한 냄새를 맡자마자 얼른 팝콘을 사고, 좌석에 앉자마자 손이 팝콘 봉지를 들락거린다. 그는 팝콘을 먹을지 말지 복잡하게 생각하지 않는다. 이반 파블로프의 개가 종소리를 듣고 침을 흘렸듯,

그에겐 영화와 팝콘이 한데 묶여 있는 것이다. 우리의 관람객은 파블로프의 개와 비교당하는 걸 싫어할지도 모르겠다. 자신이 팝콘을 사는 이유는 맛과 독특한 식감 때문이라고 주장할지도 모른다. 하지만 실험 결과는 이를 반박한다. 한번 굳어진 습관은 의도와 무관하게 실행된다는 사실을 보여주는 연구 결과가 무척 많다.

사람들은 무엇 때문에 피트니스센터에 갈까? 센터 운영자들의 데이터를 보면 답이 나온다. 처음에는 누구나 건강을 위해 노력을 기울이겠다는 의지를 품고 등록한다. 하지만 실제로 피트니스센터를 계속 다니는가의 여부는 운동을 해야겠다고 얼마나 굳게 결심을 했는가에 달려 있지 않다. 등록한 뒤 첫 5주간 얼마나 자주 피트니스센터에서 운동을 했는가에 달려 있다. 5주 동안 규칙적으로 피트니스센터에 모습을 드러낸 사람은 장기적으로 운동을 계속할 확률이 높다. 레그프레스나 삼두박근을 강화하는 운동기구를 고문도구처럼 여기는 사람이라도, 습관적으로 하다 보면 운동이 양치질처럼 자연스러워질 수 있다. 반면 일적으로나 사적으로 운동할 시간이 여의치 않아 첫 몇 주간 피트니스센터에 드물게 얼굴을 들이민 사람은 습관을 키울 수 없고, 결국 얼마 안 가 운동을 포기해버린다.[25]

뇌 속의 좀비들

윌리엄 제임스의 말처럼 일상적 행동의 99퍼센트가 습관인지 아니면 99.9퍼센트 혹은 95퍼센트 정도가 습관인지에 대해서는 왈가왈부할 수 있겠지만, 루틴이 우리 행동의 대부분을 이룬다는 것은 부인할 수 없는 사실이다. 그러므로 삶을 변화시킨다는 것은 새로운 습관을 들인다는 뜻이다.

자, 고무적인 소식은 습관을 만들기가 쉽다는 것이다. 그냥 하기만 하면 된다. 뭔가를 꾸준히 반복하다 보면 습관이 된다. 예측부호화 이론이 요구하는 것이 바로 이것이다. 하지만 그다지 달갑지 않은 소식도 있다. 옛 습관이 발목을 잡는다는 사실이다. 새로운 루틴을 만드는 일이 어려운 게 아니라 옛 루틴을 떨쳐버리는 일이 어려운 것이다.

따라서 일단 기존 습관의 자리를 비워야 한다. 하지만 행동을 부르는 동인이 무엇인지를 착각하면 자리를 마련하기가 힘들다. 그도 그럴 것이 우리는 습관을 목표 지향적인 행동으로 착각하는 경우가 너무 흔하기 때문이다. 운동을 하지 않는 사람은 자신이 운동을 싫어한다고, 땀을 흘리기보다는 집에서 뒹굴기를 좋아한다고 믿는다. 육식을 즐기는 사람은 자신이 고기를 좋아한다고 말한다. 전철을 타도 똑같은 시간이 걸리는데도 굳이 자동차로 출퇴근하는 사람은 대중교통이 불편하다고 주장한다. 그들은 지금까지와 다르게 행동하는 것이 매력적이지 않아 보인다고 한다. 운동하고 야채를 먹고 전철을 타는 편이 더 좋다는 사실을 알고 있음에도 자신의 기호에 맞지 않는다고 한다. 여하튼 우리는 그렇게 생각한다.

어떤 경우든 패턴은 모두 동일하다. 우선 확인할 수 있는 것은, A를 하면 B라는 목표를 달성할 수 있다는 사실이다. 그래서 이런 결론을 내린다. 내가 A를 하는 건 B를 이루기 위해서다. 하지만 이는 잘못된 결론이다. 아마도 그림을 벽에 걸려고 망치를 손에 들었겠지만, 그 망치로 창문을 깨부술 수도 있기 때문이다. 이 사례는 망치를 손에 든 행동에 특정 의도가 있었다는 가정을 바탕으로 한다.

하지만 습관에 따라 행동할 때 의도 같은 것은 없다. 습관은 그냥 그 자체로 실행된다. 영화 관람객들은 팝콘을 맛이나 허기 때문에 먹지 않는다. 그보다는 스크린 앞에서 팝콘을 집어 먹는 것이 습관이 되었기에 그렇게 할 뿐이다. 주말에 운동을 하지 않고 늘 푹신한 소파에 앉아 시간을 보내는 사람은 버릇이 되었기에 그러는 것이다. 신경과학자 V. S. 라마찬드란은 우리가 목적을 생각하느라 시간을 낭비하지 않고, 매일매일 반복하는 무수한 루틴들을 우리 안에서 활동하는 낯선 생물에 비유해 "뇌 속의 좀비"라 불렀다.

우리가 소위 좀비의 활동을 자기가 좋아하는 것이라고 핑계대는 상황은 이해할 만하다. 그 좀비가 아무리 자기 속에 있다 해도 좀비의 조종을 받고 싶지는 않으니 말이다. 그러나 옛 습관의 지배를 자신이 원하는 것으로 미화시키는 한, 우리는 옛 습관과 결별할 수 없다. 좀비를 좀비로 인식할 때에야 비로소 좀비들이 힘을 잃는다.

좋은 습관 만들기가 매번 실패하는 이유

루틴은 논리가 아니라 자극을 따른다. 그래서 좋은 결심은 흐지부지되기 십상이고, 사람들을 설득하는 캠페인은 번번이 통하지 않는다. 1990년대 초 미국 국립암연구소는 하루에 채소와 과일 다섯 접시를 먹자는 캠페인을 전국적으로 벌였다. 사람들은 이 메시지를 솔깃하게 들었고, 사과나 당근을 종종 먹어야 건강에 좋다고 확신하는 국민들의 수가 단기간에 확 늘었났다. 하지만 실천으로까지 이어지진 않았고, 채소와 과일 소비는 유의미하게 증가하지 않았다.[26]

열쇠자극이 좀비들을 깨우기 때문이다. 영화관에 갈 때마다 팝콘을 먹어온 사람은 매표소에서 줄을 서자마자 팝콘을 떠올린다. 매일 점심에 고기를 먹는 사람은 채소를 많이 먹어야 좋다고 확실히 알고 있지만, 구내식당에서 고기 굽는 냄새가 나면 곧장 소시지나 커틀릿 쪽으로 발걸음을 옮긴다. 좀비가 행동의 지휘권을 넘겨받는 것이다.

그러나 자동 메커니즘을 잠시 멈출 수 있는 순간이 있다. 열쇠자극을 충분히 빨리 인식하면 의식적 결정으로 루틴을 중단할 수 있다.[27] 이 전략은 효과적인 것으로 입증되었으며, 중요한 순간을 위한 대안을 미리 생각해놓으면 더 안전하게 작동한다. 식생활을 바꾸고 싶은데 소시지나 커틀릿에 자꾸 손이 가는 사람은, 우선 자신이 어떤 상황에서 고기를 선택하는지를 떠올려볼 수 있다. 그렇게 행동의 자극을 의식하는 것이다. 두 번째 단계로 고기 굽는 냄새에 대한 새로운 반응을 계획해두면 도움이 된다. 가령 '고기 굽는 냄새를 맡았을 때 곧장 샐러드바로 걸음을 옮겨 건강한 식사를 한 다음, 보상으로 맛난 디저트를 먹자'라고 마음먹을 수 있다.

프랑스의 도시들에서 최초로 시도된 아동·청소년 비만 예방 프로그램은 바로 이런 원칙을 따른다.[28] 미국의 캠페인이 채소와 과일의 유익을 계몽하는 데 그친 반면, 프랑스에서는 상황과 루틴을 변화시켰다. 프로그램 주재자들은 어린이집과 학교에 '조식 교실breakfast classes'을 도입해 학생들이 즐겁게 균형 잡힌 식단을 체험하도록 하고, 힙합을 통해 운동이 얼마나 즐거운지를 느끼도록 했다. 기존의 급식 방식 대신에 학생들 스스로 골라 먹을 수 있는 샐러드바도 도입했다. 그 결과 이 프로그램에 참가한 도시들에서는 비만 아동·청소년의 비율이 절반으로 줄었다. 현재 벨기에부터 호주에 이르기까지 여러 나라가 이 프로그램을 도입해 실행하고 있다.

옛 습관의 지배에서 벗어나기

거의 자동적으로 실행되는 행동은 스마트폰 사용에 많은 시간을 낭비하게 만들기도 한다. 알림이 도착하자마자, 약간 심심해지자마자, 또는 불쾌한 생각에서 벗어나고 싶을 때 거의 반사적으로 스마트폰을 꺼내는 사람들이 많다. 아무리 그러지 말자고 결심해도 잘되지 않는다. 그리하여 독일인들은 매달 약 40시간(이 시간은 일주일 동안 일하는 시간에 맞먹는다!)은 소셜미디어 채널에서 보낸다고 한다.[29]

이와 관련해 베를린 막스플랑크 교육연구소의 학자들은 굉장히 간단하고 효과 좋은 해법을 도입했다.[30] 왓츠앱, 틱톡 등의 실행을 살짝 지연시키는 앱을 개발한 것이다. 앱을 켜면 모니터가 잠시 어두워지며, 지금 스마트폰으로 무엇을 하려는지 잘 생각해보라는 메시지가 뜬다. 이렇게 강제로 정지되는 시간은 1초에 불과하지만, 습관을 깨기에 충분하다. 이 짧은 순간 덕분에 사람들은 스마트폰을 들었다가 내려놓곤 했다.

그렇게 6주쯤 지나자 스마트폰을 집어 드는 횟수 자체가 줄어들었다. 새로운 습관이 자리를 잡은 것이다. 사람들은 시간을 잡아먹는 스마트폰을 꺼내려는 충동을 느낄 때마다 자동적으로 자문하게 되었다. 지금 이걸로 뭘 하려는 거지? 그 결과 만성적으로 주의력을 앗아가던 앱들을 실행하는 횟수가 6주 만에 절반 정도로 줄어들었다. 지연 앱 사용자는 자신의 발전 정도도 확인할 수 있다. 이 앱은 지난 24시간 동안 인스타그램이나 유튜브에 들어가려는 유혹을 얼마나 자주 물리쳤는지를 볼 수 있게끔 해놓았다. 전주에 비해, 전달에 비해, 다른 유저들에 비해 얼마나 잘하고 있는지도 확인할 수 있다.

옛 습관들과 결별하고자 한다면 결국 불편을 좀 견디어야 한다. 좀비를 멈추는 작은 수고들은 나중에야 비로소 보상을 받는다. 새로운 자유가 정말 좋구나 하는 걸 서서히 느끼게 된다. 중간에 주어지는 피드백은 거기까지 이르는 시간을 잘 견딜 수 있도록 돕는다.

새로운 행동이 자리잡기까지 자신의 성취를 확인하고 기뻐하는 것은 기적을 일으킬 수 있다. 미국의 한 병원 의료진들을 대상으로 한 실험이 이를 증명한다. 전 세계의 병원들은 위생에 굉장히 신경을 쓰는데, 하필 가장 위생적이어야 할 중환자실 의료진이 제일 손을 안 씻는 것으로 나타나곤 한다. 움직임을 감지하는 센서와 감시카메라를 설치해도 별로 효과가 없다. 미 동부 연안의 이 병원에서는 환자를 만나기 전 의료진이 손을 씻는 비율이 10퍼센트도 되지 않았고 이것은 평균치 정도였다.

병원 측은 복도에 디지털 안내판을 설치하자는 묘안을 내었다. 안내판은 해당 근무조에 속한 직원들이 얼마나 자주 손을 씻었는지를 지난주, 그리고 다른 근무조와 비교해 보여주었다. 누군가가 수돗물을 틀 때마다 수치가 올라갔다. 그러자 갑자기 모든 것이 바뀌었다. 환자 접촉 전 손을 씻는 비율이 10퍼센트 미만에서 90퍼센트 이상으로 껑충 뛴 것이다.[31] 그리고 이 수치가 계속 유지되었다. 환자 침대에 다가가기 전 손부터 씻는 습관은 직원들의 제2의 천성이 되었다. 위생이 개선될 수 있었던 이유는 당부나 비난이 아닌 긍정적인 피드백 덕분이었다. 피드백이 변화의 필요성을 계속해서 상기시키고, 조금씩 올바른 방향으로 갈 수 있도록 도와주었던 것이다.

새로운 취향과 습관을 가지려면 이해와 인식만으로는 부족하다. 옛 습관의 지배를 깨려면 인내심과 더불어, 뇌를 새롭게 만들기 위한 전략이 필요하다. 그러나 이런 자유에 이르는 길에 들어서려면 이해와 인식은 필수다. 문제는 우리가 변화할 수 있느냐 하는 것이 아니다. 우리는 변화할 수 있다. 문제는 무엇이 우리로 하여금 변화하고 싶게 만드느냐 하는 것이다.

5장

착각3 낙관적인 뇌가 변화에 너그럽다

고대철학의 가장 아름답고 통찰력 있는 이야기 중 하나를 소개할까 한다. 올바른 행동의 전제조건으로 인식을 언급하는 이야기다. 귀족 출신의 장군 메논과 소크라테스의 대화에서, 메논은 올바른 행동을 어떻게 배울 수 있는지에 대해 알고 싶어 한다.[32] 그러자 소크라테스는 중요한 질문을 던진다. 인식이란 무엇일까? 인식이란 어떤 문제에 대해 모든 사실을 알고, 그 사실들에 대해 정확한 의견을 갖는 것을 의미할까? 아니면 그 이상을 의미할까? 소크라테스는 계속해서 이렇게 묻는다.

"라리사로 가는 길, 혹은 다른 어떤 곳으로 가는 길을 직접 가본 적 있는 누군가가 다른 사람들을 데리고 간다면, 그는 길을 잘 안내하지 않을까요?"

"물론이죠."

"하지만 누군가가 직접 가보지는 않았어도 라리사로 가는 길을 잘 안다면 어떨까요? 그 사람도 잘 안내하지 않을까요?"

"네, 그렇겠죠. (…) 하지만 그렇다면, 어찌하여 인식이 그저 적절한 의견보다 더 가치 있는지 궁금합니다. 인식과 의견 사이의 차이가 뭘까 묻게 되는 군요."

"적절한 의견도 오래도록 유지되는 한 좋고 훌륭한 것이지요. 하지만 일반적으로 의견은 그리 오래가지 못해요. 얼마 못 가 날아가버리지요. 그래서 그것을 묶어놓기 전까지는 별 가치가 없습니다. 묶어놓아야지만 비로소 의견은 계속해서 남는 인식이 되는 것이죠. 그래서 인식이 그저 적절한 의견보다 더 가치가 있는 것이랍니다."

"아하, 네, 정말로 그런 것 같네요."

눈이 사라진 알프스

나는 그라우뷘덴 고산 계곡에서 '라리사로 향하는 길'을 경험했다. 2022년 2월 우리는 일주일간 스키 투어를 하고자 스위스 알프스로 떠났다. 클라이밍 스킨을 신발에 부착한 채 높은 봉우리에 오른 후 눈을 타고 내려올 계획이었다. 우리는 눈 쌓인 풍경을 보고 싶었다. 내가 거주하는 베를린은 몇 달째 눈발 하나 흩날리지 않고 있었다. 유럽 어딘가에서 눈 덮인 숲과 상쾌하고

차가운 공기를 만날 수 있다면 바로 이곳, 오펜고개 너머 해발 1700미터에 달하는 외딴 지역일 것이었다. 기상관측 결과에 따르면, 이 지역은 연중 250일 정도가 영하로 내려간다고 했다.

하지만 긴 여정을 마치고 늦은 밤 이곳에 도착했을 때, 한기가 전혀 느껴지지 않았다. 숙소 지붕에선 얼음이 녹은 물이 뚝뚝 떨어지고 있었다. 다음 날 아침 눈부신 햇살이 우리를 맞이했다. 우리는 산을 올려다보았다. 숲은 푸르렀고, 수목한계선 위의 초원은 누르스름했으며, 초원에는 회색 바위들이 솟아 있었다. 여기저기 그늘진 골짜기에만 눈이 조금 남아 있었는데, 그마저도 무너져 내린 흙 속에 묻혀 있는 경우가 많았다. 흰 눈을 보고 싶다면 산 위쪽이 아니라 골짜기 쪽을 내려다보는 편이 나았다. 아침을 먹은 뒤 우리는 티셔츠 바람으로 테라스에서 커피를 마셨다. 풀밭에는 벌써 아네모네가 피어 있었다. 이런 2월은 처음이라고 현지인들은 말했다. 크리스마스 전에 마지막으로 눈이 내렸고 그때부터는 매일매일 해가 내리쬐었다고 말이다. 평소 같으면 초여름에나 볼 수 있는 날씨라고 했다.

전에 느껴보지 못한 혼란이 밀려왔다. 처음에는 계획이 틀어져 실망한 탓이라고 생각했다. 하지만 여행이 좀 어그러졌다고 밤에 잠을 못 이루고, 낮 동안에도 정신이 멍하고, 동료를 부르려는데 아내의 이름이 튀어나오는 건 어찌된 연유일까?

며칠 후 내가 이렇듯 혼란스러운 이유가 무엇인지 감을 잡을 수 있었다. 나는 눈앞에서 벌어지는 일을 의심하고 있었던 것이다. 나의 성장환경 때문이었다. 나는 알프스에서 자라 어린 시절부터 산의 계절 변화에 익숙했다. 겨울에는 비탈에 눈이 가득 반짝이고 봄이면 서서히 눈이 능선으로 물러나다가 여름이면 만년설만 남는 풍경. 인류가 출현하기 오래전부터 그랬고 늘 그러할 것이라고 믿었다. 그러므로 2월에 알프스산이 초록빛을 띠고 있는 모습은 상상을 초월한 광경이었다. 이럴 수가! 현실이 아니라 악몽처럼 여겨졌다.

더욱 당혹스러운 부분은 이렇듯 믿지 못하는 마음이 내가 아는 지식과 모순된다는 점이었다. 나는 기후학자들의 예측을 알고 있었고, 수십 년 전부터 기후학자들의 경고를 진지하게 받아들이고 있었다. 내가 과학저널리스트 경력 초기, 거의 아무도 기온 상승에 대해 말하지 않던 시점에 발표한 글 중 하나도 온실가스로 인해 멕시코만류가 붕괴되어 유럽 날씨가 균형을 잃을 수 있다는 내용이었다. 그러므로 나는 기후변화가 현실이며 자못 우려스러운 것임을 알고 있었다. 기온 상승, 폭풍, 홍수, 가뭄은 수십억 인류에게 재앙이 되리라 믿었다.

그런데 푸른 산을 보며 나는 왜 그렇게 놀랐던 것일까? 간단했다. 기후변화로 인해 힘든 일이 있으리라 예측했지만, 정작 나 자신이 그런 일을 겪으리라고는 생각하지 못했기 때문이다. 기후변화의 결과는 다른 사람들이 짊어져야 할 몫이라고만 여졌던 것이다. 우리는 고작해야 여름이 더 덥고 길어지는 현상 정도를 감당하면 될 거라고 말이다.

세상은 비관적이지만, 나는 괜찮을 거야

나만 이렇게 낙천적인 것이 아니어서 다행이라고 할까. 독일인들은 유독 비관적이라는 말을 듣는다. 하지만 대부분의 선입견과 마찬가지로 이 말도 반쯤만 맞다. 독일인의 56퍼센트가 나라의 상황이 전반적으로 안 좋아지리라고 예측한다. 심지어 84퍼센트는 미래 세대가 우리보다 더 안 좋은 상황에 처하리라고 본다.[33] 이것은 충격적인 수치이다. 하지만 거의 모든 유럽 국가에서 이런 수치들은 독일보다 더 높게 나온다.

또한 사람들에게 개인적인 전망을 물으면 파국적인 분위기가 전혀 나타나지 않는다. 독일인의 63퍼센트가 그들 앞에 좋은 시절이 기다리고 있을 거라고 대답했다.[34] 기후, 경제, 이민 문제, 고령화 사회 등 거의 모든 문제에서 사람들의 의식은 분열되어 있다. 일반적인 상황은 나쁘거나 심각하다고 보면서도, 자신의 미래는 괜찮으리라 여기고 있다. 독일인의 압도적 다수는 자신이 대부분의 사람들보다 더 건강하고, 운전도 더 잘한다고 믿는다. 코로나 팬데믹 기간에도 대부분의 사람들은 자기가 코로나에 감염될 위험이 평균보다 낮다고 보았다. 이혼하는 비율이 절반에 육박한다는 사실을 잘 알고 있음에도, 결혼하는 커플들은 몇 년 뒤 파경을 맞을 확률이 굉장히 낮다고 여긴다. 이 모든 것은 연구를 통해 잘 증명되어 있다.[35]

우리가 스스로를 과대평가하기 때문일까? 그 이유만은 아닐 것이다. 우리는 직접 영향을 미칠 수 없는 일들이 우리에게 이로운 쪽으로 전개되기를 소망한다. 가령 대부분의 사람들은 본인이 암에 걸릴 위험성이 실제보다 훨씬 더 낮다고 여긴다.

낙관주의자의 뇌

낙관주의란 세상을 무조건 장밋빛으로 본다는 의미가 아니다. 낙관주의자들도 세상의 안 좋은 면을 충분히 지각한다. 다만 부정적 상황에 어떻게 대처할까 하는 부분에서 낙관주의자들끼리 차이를 보인다. 첫 번째 유형의 낙관주의자들은 전망이 불확실하긴 해도, 세상이 더 나아질 수 있다고 믿는다. 이런 낙관주의는 변화를 시도하게 하며, 그렇기에 낙관주의가 없다면 진보도 없을 것이다. 낙관주의는 사람들에게 희망을 선사한다.

반면 두 번째 유형의 낙관주의자들은 세상을 변화시키는 데 별로 관심이 없다. 세상에 불행은 존재하지만, 그것은 자신이 아닌 다른 사람들에게 닥칠 것이라고 확신하기 때문이다. 확률의 법칙에서 자기들은 예외라고 믿는 셈이다. 두 번째 유형의 낙관주의자들은 전체 인구의 최소 80퍼센트를 이룬다. 독일에서뿐 아니라 전 세계에서 마찬가지다. 어느 나라든 부모들은 자신의 자녀가 다른 아이들보다 더 예쁘고 잘생겼다고 믿는다. 집주인들은 집을 사느라 과도한 빚을 졌지만 집값이 오를 것이므로 괜찮다고 여긴다. 대부분의 사람들이 호기롭게 앞으로 삶이 더 좋아지리라고 전망한다.[36] 우울증을 앓는 사람들이나 두루두루 회의적인 태도를 보일 뿐이다.

"낙관주의의 수수께끼는 사람들이 모든 삶의 경험에도 불구하고 과도한 기대를 고수한다는 점이다"라고 런던의 신경과학자 탈리 샤롯은 썼다. 탈리 샤롯은 현실에 상관없이 희망을 잃지 않기 위해 대뇌가 어떻게 선택적으로 정보를 처리하는지를 보여주었다. 예측 오류를 처리하는 뇌 중추의 활성화를 살펴본 결과, 이 중추들은 좋은 기대를 확인시켜주는 소식보다 나쁜 소식을 들을 때 더 약하게 반응하는 것으로 나타났다. 마치 뇌가 달갑지 않은 소식을 받아들이기를 꺼리는 것처럼 말이다.[37] 그러므로 과도한 낙관주의 또한 예측부호화 이론을 따른다. 우리는 긍정적인 기대를 필요로 한다. 그래야 행동할 의욕이 생기니까 말이다. 지난 장에서 말했듯이, 이성은 자신의 기대를—현실에 반해서라도—방어하려는 경향이 있다.

심지어 자신의 낙관주의를 낙관하는 것도 가능하다. 사실 대부분의 사람들은 그들이 세상을 다른 사람들보다 덜 미화한다고 믿는다.[38] 영국 수상을 지낸 윈스턴 처칠은 그런 아이러니를 인식했던 몇 안 되는 사람 중 하나로, 이런 허심탄회한 말을 남겼다. "나는 낙관주의자다. 낙관주의자가 되지 않는 것은 의미가 없으므로." 처칠이 자신의 착각을 꿰뚫어본 것은 우연이 아닐 테다. 그는 평생 우울증에 시달렸으니까 말이다.

아무튼 현대의 연구는 처칠의 말이 옳다는 사실을 인정해준다. 비현실적인 낙관주의가 살아가는 데 유익하다는 사실이 입증되고 있기 때문이다. 첫 번째 유형의 낙관주의든 두 번째 유형의 낙관주의든, 낙관주의자들은 현실주의자들보다 더 즐거울 뿐 아니라 신체적·정신적으로도 더 건강한 것으로 드러났다. 그들은 스트레스를 덜 받으며, 식생활에 더 신경을 쓰고, 운동도 더 많이 한다. 뭔가를 이룰 수 있다는 믿음이 노력을 북돋우기에 사회적으로 성공을 거두고 돈도 많이 번다. 자신의 앞날을 과대평가하는 사람은 경쟁에서도 이익을 누린다. 철학자 대니얼 데닛은 세상을 장밋빛으로 보는 경향이 진화과정에서 생겨난 특성이라고 설명했다. 두 번째 유형의 낙관주의자들이 품는 환상은 '자연사에서 유리하게 작용해 살아남은 유일한 형태의 미신'이라면서 말이다.[39]

낙관의 흑역사

개인에겐 이로운 것이 집단에게는 종종 치명적이다. 역사는 지나친 낙관에서 시작된 재앙의 연속으로 설명할 수 있다. 타이타닉은 절대 가라앉지 않는 배로 여겨졌고, 1914년 독일 정부와 장성들은 희생자를 최소화하면서 몇 주 내로 전쟁에서 승리할 수 있다고 확신했다. 1938년 영국과 프랑스의 총리들은 유화책으로서의 뮌헨협정이 히틀러에게 효과를 발휘하리라 믿었다. 제2차세계대전 후 물리학자들은 안전하고 무한정 사용할 수 있는 핵에너지를 약속했다. 새천년이 시작되자마자 월스트리트는 담보부 증권이 모든 미국인에게 자가 주택을 마련해줄 마법의 열쇠라고 여겼다. 은행 감독기관은 이런 낙관주의에 현혹되었고, 결국 2007년 수백만 건의 부실 대출이 세계 금융위기를 촉발했다. 이 같은 재난 목록은 끝없이 이어질 수 있다.

인간은 미래가 불안할수록 과도한 낙관에 빠지는 경향이 생긴다는 사실을 말해주는 몇 가지 증거가 있다. 특히 불확실한 상황에서는 자신의 가능성을 과대평가하고 허세를 부리는 사람들이 이익을 얻고, 신중한 사람들은 손해를 보기 쉽다. 그러다 보니 의심스러운 상황에서 '올인'하는 경향이 생겼을지도 모른다.[40] 적어도 진화론의 모델 계산이 뒷받침해주는 바는 그렇다. 1914년 유럽인들이 전례 없는 학살로 이어질 전쟁에 얼마나 열광하면서 뛰어들었는지 생각해보라.

경솔한 낙관의 위험성

"지금까지 잘되어왔잖아"라고들 한다. 이런 낙관은 개인적인 삶에는 도움이 되고 불가피하기까지 하지만, 사회적 차원에서는 회의적인 태도가 더 적합해 보인다. 세계적 상황을 희망 없는 것으로 보아야 한다는 말이 아니다. 우리에게 뿌리내린 낙관주의를 너무 믿어서는 안 된다는 뜻이다. 일이 저절로 잘 풀릴 것이고, 우리는 늘 운이 좋았으니 그냥 지금까지 살아왔던 대로 살면 된다고 생각하는 건 너무 낙관적인 태도다.

오늘날 우리는 그 어느 때보다 이런 환상에 젖어들기 쉽다. 경솔한 낙관은 세 가지 이유에서 우리에게 위협이 된다.

첫째, 세상이 급격하게 변하고 있어서 미래를 예측하는 일이 점점 더 어려워지고 있다. 지금으로서는 몇 년 뒤조차 내다보기 힘들다. 그런데 불확실성이 과도한 기대를 부추긴다면, 새로운 것이 등장할 때마다 열광과 실망의 악순환이 이어질 수밖에 없다. 인터넷 같은 신기술이 자리잡을 때 주식시장에는 투기 거품이 생겼고, 그런 다음 폭락이 따르는 경향을 보여왔다. 2005년경 SNS가 등장했을 때의 열광을 아직도 기억하는 이가 있을까? 페이스북, X(구 트위터) 같은 공간에서 모든 이가 형제자매가 되고 민주주의가 꽃피리라는 기대는 어떻게 되었는가? 베를린장벽이 무너진 직후의 환희, 이제 유럽에 영원한 평화가 찾아오겠구나 하는 기대가 지금은 먼 옛날의 동화처럼 느껴진다.

둘째, 네트워크화된 사회에서는 개개인의 환상이 강화된다. 사람들이 서로의 기대를 북돋울수록 기대는 더 공고해진다. 그렇게 "비이성적 과열"이 생겨난다. 이는 전 미국 연방준비제도 이사회 의장 앨런 그린스펀이 닷컴 버블로 주가가 천정부지로 치솟았을 때 했던 유명한 말이다.

셋째, 오늘날의 많은 위협은 전 지구적이다. 하지만 사람들은 운명이 자기와 자신의 주변에는 호의적으로 작용하리라 믿는다. 이런 확신은 특히 환경 문제에서 두드러진다. 두 개의 대규모 연구에서 연구자들은 세계 각지의 사람들에게 기후변화, 대기오염, 인구 과잉, 산림 파괴, 그 외 비슷한 문제들을 어떻게 평가하는지 물었다.[41] 응답자들은 비교를 해야 했다. 즉 자기 지역의 자연이 전국의 다른 지역보다 더 나은 상태인가, 아니면 더 나쁜 상태인가? 자신의 나라가 다른 나라들에 비해 어떤가? 시골에 사는 사람이든 대도시에 사는 사람이든, 멕시코에 사는 사람이든 인도에 사는 사람이든 어디서나 비슷한 응답을 들을 수 있었다. 즉 자신의 지역은 나머지 지역보다 괜찮은 편이고, 우리나라는 다른 나라들에 비해 그나마 환경파괴가 심하지 않은 편이라는 답이 대부분이었다.

인도 대도시의 오염된 공기를 들이마셔보았거나, 아프리카 초원에서 기후변화로 인한 치명적 가뭄을 겪어보았거나, 허리케인이 미국에 일으킨 가공할 참상을 목격한 사람은 그런 곳에 사는 사람들조차 자신의 지역이 더 낫다고 답한 데에 놀랄 수밖에 없을 것이다. 이런 착각은 그저 희한하다 싶은 무해한 현상이 아니다. 자신은 운이 좋다고 믿는 낙관주의는 사회가 마땅히 감당해야 할 책임을 회피하게 만든다. 다른 곳이 더 많이 망가졌다면, 그곳 사람들이 먼저 행동해야 한다고 믿게 된다. 그리고 모두가 다 그렇게 생각하기에 아무도 뭔가를 하지 않는다. 늘 괜찮게 되어왔잖아. 어쨌든 지금까지는 말이야.

나의 위험을 과소평가하는 이유

대부분의 사람들은 사무실에서 볼펜 때문에 죽을 수 있다는 사실은 별로 걱정하지 않는다. 그보다는 비행기 추락 사고를 훨씬 더 두려워한다. 하지만 2023년 항공 사고로 사망한 사람은 세계적으로 72명에 불과했을 뿐이다. 반면 볼펜 뚜껑을 삼켜 질식할 위험은 굉장히 현실적이다. 국제표준화기구ISO는 ISO 11540이라는 표준을 제정해, 비상시 공기가 통하게끔 볼펜 뚜

껑에 작은 구멍을 내도록 했다. 하지만 모든 제조업체가 이 기준을 따르지는 않아, 독일에서는 매년 약 300명이 볼펜 부품을 삼켜 질식사한다.[42]

우리는 이런 통계를 인지하지만 그것은 추상적인 지식으로 남는다. 비행 공포증이 조금이라도 있는 사람은 이런 수치를 봐도 시큰둥하다. 두 위험이 서로 비교가 되지 않는 느낌이기 때문이다. 그 이유는 이렇다. 우리는 직접 경험하는 위험은 체계적으로 과소평가하고, 다른 사람들의 보고에 의존할 때는 그 위험을 과대평가하는 경향이 있다.[43] 볼펜이야 우리가 매일 별 탈 없이 사용하는 물건 아닌가. 반면 비행기 추락 사고는 우리의 경험세계를 벗어나 있다. 우리는 비행기 추락 사고의 참혹한 장면을 텔레비전 뉴스를 통해 접한다. 그래서 그런 재난이 일어날 가능성이 더 높다고 생각한다.

자신의 지역과 다른 지역의 환경파괴에 대한 질문에서 나타난 차이도 마찬가지다. 자기가 사는 곳의 상태는 익숙하기에, 파괴된 자연도 오래전부터 그냥 평범한 것처럼 느껴왔다. 1990년 이래로 독일의 보호구역에서조차 곤충의 4분의 3이 멸종해버렸지만, 이런 손실은 점진적으로 진행되어 사람들의 눈에 띄지 않았다.[44] 인명피해—매년 2만 8000명의 독일인이 공장과 자동차 등의 배출가스에서 발생하는 미세먼지로 인해 사망하고, 2022년에는 기후변화로 인한 폭염으로 4500명이 사망했다. 이런 피해는 유감스럽긴 해도 자연스런 일로 받아들여진다.[45] 반면 미국 도시들을 강타한 허리케인이나 녹아내리는 남극 빙하, 호주에서 일어난 대규모 산불에 대한 영상들은 보기만 해도 충격적이다. 생태적 재앙이 지구 곳곳을 휩쓸지만 우리 집 앞만은 괜찮다고 착각하게 되는 이유다.

지식의 한계

앞에서 읽은 소크라테스와 메논 장군의 대화를 상기해보자. 2500년도 더 전에 소크라테스의 제자 플라톤이 기록한 이 대화는 그 문제를 놀라울 만큼 명확하게 분석하고 있다. 이 대화에서 소크라테스는 단순한 정보와 인식이 어떻게 다른지를 이야기한다. 사실을 아는 사람은 의견을 개진할 수 있다. 하지만 소크라테스가 말한 대로 의견은 "날아가버리는 것"이다. 우리는 의견을 따를 수도 있고 그렇지 않을 수도 있다. 정보는 이성의 놀잇감일 뿐이다. 정보는 올바른 행동을 가능케 하지만 올바른 행동을 하도록 보장하진 않는다.

거기서 한발 더 나아가는 정신활동이 있어야 문제를 제대로 파악하게 된다. 정보는 '묶여야' 한다. 즉 머릿속 깊이 닻을 내려야 한다. 전문지식은 체험이나 깊이 있는 성찰을 통해 인식으로 응축된다. 그렇게 인식에 이르면, 더 이상 그것을 외면하고 살 수 없다. 인식은 단순한 정보 이상이며, 경험을 통해 생겨난다. 라리사로 가는 길, 곧 인식의 길은 스스로 걸어가야 한다. 아테네에서 올림포스산 기슭에 있는 도시까지 먼 길을 직접 가본 사람은 테살리아의 풍경과 무화과나무 향기, 길 위의 먼지에 대한 기억이 생생할 것이다.

당시 그라우뷘덴의 푸른 산속에서 나는 소크라테스의 말이 무슨 뜻인지 비로소 이해했다. 나는 기후변화에 관한 논문과 학술기사를 수백 편 읽었다. 하지만 설마 그렇게 나빠지진 않겠지 하며 방심하고 있었다. 나 스스로도 기후변화 때문에 불편을 겪게 되지 않을까 우려하지 않았다. 문제를 알고 있었지만 그것이 내 문제라고 체감하지 못했다. 무엇이 나를 더 놀라게 했는지 모르겠다. 2월인데 고산지대에 나타난 이상고온현상에 충격을 받았는지, 아니면 그것에 놀란 나 자신에 대해 충격을 받았는지! 그때까지 나는 기후변화의 영향을 다방면으로 의식하고 있다고 확신했다. 하지만 내가 그것을 정말로 이해하고 있었다면, 눈이 쌓이지 않은 산봉우리를 보면서 그렇게 충격을 받았을까?

내게 정보는 충분했다. 하지만 그것은 추상적으로 머물러 있었다. 내겐 인식이 부족했고, 이제야 나는 깨닫게 되었던 것이다. 하지만 이것은 고통스러운 인식이었다. 나는 거의 30년간 책과 신문기사를 쓰고, 대중 강연을 하고, 대학에서 강의했다.

과학은 엄청나게 진보하고 있는데 대부분의 사람들은 그걸 알지 못하니, 더 많은 사람들에게 과학적 통찰을 전하면 더 낫고 공정한 세상이 열리고 더 나은 미래를 만들어갈 수 있으리라고 확신했다. 그런 확신을 바탕으로 모든 일을 해왔다. 문제해결의 열쇠는 명료하게 사고하고 똑바로 아는 것이라고 믿었다.

그런데 이제 그 '구원의 교리'의 한계를 뼈저리게 깨달았다. 그 교리는 나한테조차 믿을 만한 효과를 발휘하지 못했다. 어쨌든 기후위기에 대해서는 그랬다. 나는 북극의 얼음이 녹고 빙하가 후퇴하고 멕시코만류가 붕괴되고 셰일층에서 무분별하게 원유가 채굴된다는 등의 전문지식으로 무장하고 있었지만, 이미 오래전부터 지구온난화가 계절에 영향을 미쳐왔다는 사실을 도외시하고 있었다. 그런 영향은 남극이나 카리브해, 사하라 사막 가장자리뿐 아니라 온대기후 지역에서도 여실히 느껴지는데도, 위험은 문 앞에 있었는데도 말이다.

나는 소크라테스가 이미 2500년 전 메논과의 대화에서 가르쳐준 바를 간과하고 있었다. 지식이 아니라 깨달음이 우리를 인도해준다는 사실을 말이다. 지식을 깨달음으로 변화시키는 것은 바로 자신의 경험이다. 아이러니하게도 메논과의 대화 자체도 마찬가지였다. 나는 그 대화를 아주 오래전부터 알고 있었고 대학에서 진행한 세미나에서도 다루었다. 하지만 그 대화는 내게 지식으로 머물러 있다가, 2월에 완연한 봄날씨가 된 고산지대에서야 비로소 깨달았다. 그 대화가 바로 나 자신이 하는 일의 모양새에 대해 정곡을 찌르고 있음을.

경험해야만 알 수 있는 것

우리는 인류 역사상 그 어느 때보다 많은 정보를 알고 있다. 손가락만 까닥하는 것으로 온갖 정보에 접근이 가능하다. 온라인미디어가 다른 대륙에서 벌어지는 사건을 신속하게 전해주고, 소셜네트워크가 가까운 사람들뿐 아니라 한 번도 본 적 없는 사람들이 최근 무엇을 하고 지내는지를 알려준다. 선조들이 시간여행을 와서 우리가 사는 모습을 보게 된다면, 정말 모르는 것이 없구나 감탄할 것이다. 심지어 신 같은 존재가 되었다고 생각할지도 모른다. 우리 손 안의 화면을 부러워할 수도 있다. 하지만 그들 중 똑똑한 이들은 아마 서서히 눈치챌 것이다. 지금 우리의 상태가 마냥 축복만은 아님을, 저주이기도 하다는 사실을 말이다. 미디어가 시간과 주의력을 앗아가고, 진짜 경험은 더 어렵게 만든다는 걸. 우리가 얻는 정보들은 다른 사람들의 손을 거쳐온 간접적인 보고들이며, 그런 모조품 현실로부터는 깨달음을 얻기가 쉽지 않다는 걸. 아이러니하게도 바로 이 넘치는 정보가 우리를 더 헷갈리고 혼란스럽게 만든다는 걸.

그러나 우리는 데이터를 포기할 수 없다. 점점 더 복잡해지는 세계에서 살아가려면 추상적인 정보의 안내를 받아야 하기 때문이다. 팬데믹 시기 감염자 수의 기하급수적 증가, 점진적 지구온난화, 알고리즘이 걸러준 뉴스가 우리의 생각에 미치는 영향—이 모든 것들은 우리의 감각만으로 인지할 수 없다. 우리의 직관은 그런 것들을 파악하도록 만들어져 있지 않다. 사건들을 이해하기 위해서는 데이터, 기호, 설명에 의존해야 한다. 그래야만 사실을 인지할 수 있다. 하지만 이성이 추상의 영역을 구체적 경험과 연결 짓지 못하는 한, 사실은 우리에게 낯선 것으로 남으며 많은 경우 우리의 행동에 영향을 주지 못한다.

우리는 그 어느 때보다도 지식에서 인식으로 넘어갈 것이 요구되는 시대를 살고 있다. 점점 복잡해지는 세상에서 정보를 경험으로 보완하기는 쉽지 않다. 그러나 제아무리 똑똑한 지식인의 견해라도, 기껏해야 우리의 사고를 자극할 뿐 스스로의 견해를 대신해주지는 않는다는 사실을 늘 염두에 두어야 한다. 화면 속의 정보는 직접 보는 걸 절대 따라가지 못한다. 이주민과의 단 한 번의 대화가 100시간의 이주 문제에 대한 토크쇼 시청보다 더 많은 걸 알려줄 수 있다. 공원의 나뭇잎을 유심히 살피면, 기후학자들의 모든 차트를 볼 때보다 기후변화를 더 실감할 수 있다.

6장

착각4 아는 것이 힘이다

인류가 이룬 가장 위대한 성취 중 하나는 의학의 진보다. 페스트는 정복되었고, 천연두는 근절되었으며, 병든 심장은 이식이 가능해졌다. 병원이 가까이에 있는 한 더는 여성이 아이를 낳으며 생명을 잃을까 두려워할 필요가 없다.

불과 몇 세대 전까지만 해도 엄마가 된다는 것이 어떤 의미였는지 우리는 잊어버렸다. 하지만 이그나즈 제멜바이스는 그 사실을 여전히 잘 알고 있었다. 1846년 7월 1일 28번째 생일에 그는 빈종합병원의 보조의사가 되었다. 그의 첫 직장이었다. 그는 산부인과 의사였고 가난한 여성들이 무료로 병원에서 출산할 수 있도록 돕고자 했다. 그러나 집이 없거나 매춘을 하는 여성들을 도와주겠다는 꿈은 며칠 못 가 시들해지고 말았다. 그도 그럴 것이 그가 근무를 시작한 산부인과 제1병동에서 제멜바이스를 기다리고 있던 것은 새 생명이 태어나는 기쁨이 아니라 죽음이었다. 젊은 산모들이 속속 죽어갔고, 의사들은 산모들이 속절없이 가버리는 모습을 속수무책으로 바라볼 수밖에 없었다. 산모들은 별다른 문제 없이 아이를 출산한 뒤 며칠이 지나고열에 시달리기 시작했고, 통증이 점점 더 심해져 비명을 지르며 고통에 몸부림치다 결국 세상을 떠났다.

그 일로 "나는 참으로 마음이 안 좋아서, 사는 게 다 부질없게 느껴졌다"고 제멜바이스는 나중에 회상했다. "대체 왜 이런 일이 일어나는 것인지 전혀 영문을 모르겠고, 모든 것을 설명할 수 없었다. 모든 것이 의문스러웠다. 다만 엄청난 수가 죽어간다는 것만은 의심할 바 없는 현실이었다."

산부인과 제1병동에서 무슨 일이 일어나는지 모두가 알고 있었다. 그래서 만삭의 산모들은 그곳에 가지 않게 해달라고 애원했다. 어떤 산모들은 위험을 무릅쓰고 거리에서 출산하는 편을 택했다. 제멜바이스가 일하는 병동에 저주가 내렸다는 소문이 파다했다. 하지만 유럽과 미국의 많은 산부인과 병원에서 같은 일이 벌어지고 있다는 사실을 아는 사람들은 극히 적었다. 필라델피아부터 모스크바에 이르기까지 매년 수많은 산모들이 산욕열로 목숨을 잃고 있었는데 말이다. 의료적 도움을 받지 않고 집이나 거리에서 출산한 여성들은 출혈, 탯줄 탈출, 치명적인 경련 같은 합병증의 위험을 감수해야 했지만 산욕열에 걸리는 경우는 거의 없었다. 게다가 빈병원 산부인과 제2병동의 경우는 제1병동보다 사망률이 훨씬 낮았다. 그 이유가 뭔지 정말

귀신이 곡할 노릇이었다.

제멜바이스는 환자들을 세심히 진찰했다. 하지만 사망자 수는 줄어들지 않고 늘어만 갔다. 결국 그는 병자성사를 하러 온 사제가 아직 건강한 산모들에게 공포를 안겨 산모들이 열이 오르는 건 아닐까 의심하게 되었다. 그는 사제에게 종을 울리지 말고 눈에 띄지 않게 병동을 드나들어달라고 부탁했다. 하지만 사제가 한껏 조심을 해도 아무런 변화가 없었다.

그러던 중 1847년 예외적으로 한 남자가 산욕열 증상을 보이며 세상을 떠났다. 그는 제멜바이스의 친구이자 법의학자였다. 제멜바이스는 친구의 죽음을 슬퍼하면서 원인을 알아내려고 애썼다. 한 의대생이 시신을 해부하다가 메스로 친구에게 상처를 낸 것이 원인인 듯했다. 그로부터 몇 주 뒤 친구는 산욕열에 걸린 산모들과 똑같은 증상을 보이며, 무지막지한 고통에 시달리다 죽어갔다. 그렇다면 그 법의학자뿐 아니라 산모들도 시신에 있던 독소 때문에 사망한 것일까? 이런 생각은 터무니없어 보일지도 몰랐다.

산부인과 제1병동에서는 매일 산욕열로 사망한 여성들의 시신을 해부했다. 그러고 나서 의사들과 학생들은 비누로 손을 씻기는 했지만 소홀히 하는 경우가 많았다. 제멜바이스의 말을 빌자면 그들은 그렇게 "손에 시체 입자들을 묻힌 채로" 회진을 돌았다. 그 과정에서 의사들이 시신의 독을 아직 건강한 산모들에게 옮겼던 것일까? 그렇게 보면 산욕열이 유독 그의 병동에서 맹위를 떨친 데 반해, 집이나 거리에서 혹은 제2병동에서 아기를 낳은 여성들 중에는 산욕열이 별로 나타나지 않는 이유도 설명되었다. 제2병동에서는 해부가 이루어지지 않았기 때문이다. 그렇다면 의사들이 진찰을 통해 의도치 않게 산모들을 죽인 셈이었고, 무엇보다 제멜바이스 자신도 그렇게 했을 터였다. 이 생각은 끔찍했다. 그러나 제멜바이스는 모든 가능성을 검토해 보기로 굳게 마음을 먹었다.

제멜바이스는 직원들에게 해부를 마치고 나면 손과 모든 도구를 염소 용액으로 소독하라고 지시했다(그는 이 용액이 시체의 독소를 없애리라고 예상했다. 사실은 세균이 감염을 유발하는 것이었지만, 당시에는 그런 사실이 알려져 있지 않았다). 그리고 몇 주 되지 않아 산모들이 산욕열로 죽는 경우가 현저히 줄어들었다. 그럼에도 남은 10여 명이 산욕열에 걸리자, 제멜바이스는 시체뿐 아니라 살아 있는 사람들도 이 질병을 옮길 수 있음을 깨달았다. 그와 함께 일하는 의사들은 이제 모든 진찰 전 염소 처리된 석회 용액으로 손을 씻어야 했다. 그렇게 하여 산욕열은 그의 병동에서 거의 사라졌다.

처음에 제멜바이스는 의기충천했다. 그리하여 온 유럽의 산부인과 병원에 편지를 보내 자신의 발견을 알렸다. 그는 상황 설명과 더불어 면밀한 통계자료를 제시했는데, 이 자료는 오늘날까지 의학 연구에서 모범으로 여겨지고 있다. 빈의 왕립의사협회가 발간하는 학술지는 제멜바이스의 연구 결과를 그보다 50년 전의 천연두 백신 발명에 비견할 만큼 중요한 획기적 돌파구라고 칭하며 환영했다.[46] 단순한 위생 조치로 산욕열을 정복할 수 있을 것 같다면서 말이다.

빈에서 수많은 산모들의 목숨을 구한 이 조치가 유럽의 온 산부인과 병원에 도입되었다면 얼마나 좋았을까. 그랬다면 사람들은 제멜바이스를 수많은 여성의 생명을 구한 인류의 은인으로 추앙했을 텐데 말이다. 하지만 그런 일은 일어나지 않았다. 하이델베르크와 킬에 있는 두 병원만 의사들에게 손과 도구의 소독을 요구했을 뿐, 다른 병원들은 그 조치를 거부했다. 그들은 제멜바이스의 연구성과를 나 몰라라 하면서 자신들의 방법을 고집했다.

의사들은 의료계의 권위자들에게 의견을 물었고, 저명한 병리학자 루돌프 피르호를 비롯한 권위자들은 제멜바이스의 제안을 받아들이지 않았다. 그들은 한목소리로 산욕열은 여러 원인으로 발병한다며, 그러나 의사들이 환자를 죽였을 리는 없다고 강조했다. 또 다른 의사들은 빈의 이 젊은 의사의 주장은 전혀 새로울 게 없으니 주목할 필요가 없다고 말했다. 이미 50년 전 알렉산더 고든Alexander Gordon이라는 스코틀랜드의 산부인과 의사가 산욕열에 대한 논문에서 "불쾌한 일이지만, 나 스스로가 수많은 여성에게 질병을 옮겼음을 인정해야 한다"라고 썼다는 것이었다. 파리 의학아카데미는 제멜바이스의 주장을 두 번이나 공식적으로 거부했다. 산부인과 의사였던 미국의 오래된 의사단체의 의장은 이렇게 말했다. "의사는 신사다. 그리고 신사의 손은 깨끗하다."[47] 그리하여 여성들은 산욕열로 계속해서 죽어갔다.

교만함이 죽음을 부르다

모든 의사는 최대한 아는 만큼, 그리고 할 수 있는 만큼 환자를 돕는 걸 의무라고 여긴다. 2000년 이상된 히포크라테스 선서가 그것을 요구한다. 제멜바이스의 데이터는 널리 알려졌고, 진찰 전 손을 소독하라는 권고는 긴급한 동시에 실천이 어렵지 않은 일이었다. 그런데도 어째서 한 세대의 의사들 전체가 그것을 거부할 수 있었을까? 19세기 의학계의 최고 권위자들, 의술에 커다란 기여를 한 학자들이 어째서 그렇게 뻔한 사실을 무시해버릴 수 있었을까?

수십만 명의 여성들과 제멜바이스 자신이 이러한 현실 부인의 희생양이 되었다. 앞에서 우리는 인간의 이성이 현실을 자신의 기대에 비추어 해석하는 모습을 살펴보았다. 이것이 바로 예측부호화 이론의 원리다. 뇌는 끊임없이 예측을 하고, 예측을 바탕으로 현실에 대한 상을 만들어낸다. 예측이 현실과 일치하지 않는 경우 우리는 그 상을 조정해야 한다. 학습은 그렇게 이루어진다. 하지만 사실과 모순되는데도 기존의 상을 고수하는 경우도 많다. 모순을 해소하려면 노력이 드는데, 뇌가 그런 수고를 하려들지 않기 때문이다. 이렇듯 자신의 의견을 확인하고 싶은 욕망 때문에 빚어지는 착각을 확증편향이라 부른다.

확증편향이 생기는 원리는 앞에서 살펴본, 착시현상을 일으키는 메커니즘과 같다. 즉 인간의 이성이 자신의 선입견에 굳게 달라붙어 있기 때문이다. 다만 한 가지 차이점은, 착시현상은 주로 무의식적으로 일어난다는 점이다. 현실을 인식할 수 있는 정보가 뇌에 도달하긴 하지만, 그 정보는 내면의 눈앞에서 상이 형성되기 전에 이미 억제된다. 그래서 우리는 63쪽의 체스보드 그림의 S칸을 실제만큼 밝게 볼 수 없는 것이다. 우리가 착시현상에 굴복하고 있다는 사실을 알고 있음에도 뇌는 그 착시를 수정하지 못한다.

반면 그리도 많은 여성들의 생명을 앗아간 확증편향은 더 높은 인지 수준에서 일어난다. 의지만 있었다면 누구든 제멜바이스가 동료 의사들에게 산모를 진찰하기 전 손을 소독하라고 당부했던 이유를 이해할 수 있었을 것이다. 하지만 의사들은 필요한 정보들을 다 가지고도 그것을 무시했다. UFO를 믿은 일곱 광선 형제단처럼 집단 히스테리나 죽음의 공포가 이성을 가렸던 것도 아니었다. 매일 수많은 사람들의 건강을 좌우하는 결정을 내리는 이 의사들은 오히려 평균 이상의 판단능력을 가진 사람들이었다고 봐야 한다.

지난 장에서 알아보았던 낙관주의적 경향도 확증편향에 근거한다. 우리는 장밋빛 세계관을 뒤흔드는 정보들을 받아들이기를 거부하는 것이다. 하지만 운명이 우리에게 특별히 호의적이지는 않음을 보여주는 갖가지 사실들이 존재한다. 우리가 그런 사실을 중요하게 여기지 않을 뿐이다.

머릿속의 필터 버블

지식도 지능도 확증편향으로부터 우리를 보호해주지 못한다. 그 반대다. "인지적 능력이 뛰어날수록 정보들을 자기 입맛에 맞게 해석하고, 정당화하며, 데이터를 자신의 견해에 부합하게끔 왜곡하는 일을 능숙하게 할 수 있다"고 런던의 신경심리학자 탈리 샤롯은 썼다.[48] "아이러니하게도 사람들은 더 정확한 결론을 도출하는 데 지능을 사용하는 것이 아니다. 그들은 지능을 이용해 자신의 견해에 부합하지 않아 마땅찮은 데이터 속 결함들을 찾아낸다."

제멜바이스 시대 의사들이 바로 그랬다. 그들은 지적 민첩성을 활용해 확신을 고수했다. 자신들의 이성을 정신적 곡예에 활용했다. 따라서 제멜바이스를 신뢰할 수 없게 만든 사람들이 의학계의 권위자들이었다는 사실은 우연한 일이 아니다.

한편으로 의사들은 자신들의 지식을 활용해 제멜바이스의 의견을 세세하게 반박했다. 그들은 '빈의 젊은 의사가 시체의 독소가 산욕열을 유발한다고 추측했는데 이것은 부정확하며 틀렸다'고 지적했다. 잘못된 주장은 아니었다. 나중에 밝혀진 바와 같이 독소가 아니라 박테리아 병원균이 병을 옮기는 주범이니 말이다. 이런 비판은 의사는 반드시 위생에 신경을 써야 한다는 제멜바이스의 결정적 발견과 직접적으로 관계된 것은 아니었지만, 이 같은 이의 제기만으로도 제멜바이스의 신뢰성을 떨어뜨리기에 충분했다.

다른 한편으로 동료들은 사실 자체가 아니라 그 의미를 캐물었다. 제멜바이스의 데이터가 맞는지는 몰라도, 그것이 그리 중요하지 않다고 볼 만한 이유를 발견한 사람은 자신의 신념을 의심하거나 행동을 변화시킬 필요가 없었다. 제멜바이스의 후임은 자신의 《산과학 교과서》에서 산욕열의 원인이 30가지가 넘는다고 주장하며, 감염을 맨 끝에서 두 번째 요인으로 꼽았다.

이것은 확증편향에서 전형적으로 나타나는 반응들이다. 수많은 심리실험에 따르면, 사람들은 정보의 가치를 거의 언제나 그것들이 자신의 확신을 뒷받침하는가로 판단한다.[49] 가령 신문 구독자들은 신문기사 제목이 자신의 세계관에 부합할수록, 그 기사를 비중 있게 여기고 열심히 읽는다.[50] '필터 버블filter bubble'이라 불리는 이 현상은 어제오늘의 일이 아니며, 소셜미디어가 사용자들에게 편향된 뉴스를 제공하기 훨씬 이전부터 존재해왔다. 디지털 기업들의 비즈니스 모델은 필터 버블 문제를 만들어낸 것이 아니라 악화시켰을 뿐이다.

결국 뉴스 피드 알고리즘은 우리 머릿속 필터 버블 현상의 디지털 버전이다. 다른 사람과 대화할 때 우리는 상대의 말이 자신의 의견과 배치될 경우, 그의 말을 중요하게 받아들이지 않는다. 이 같은 상황에서 일어나는 일은 뇌 활성화 패턴에서도 확인 가능하다.[51] 연구 결과 모순된 의견에 직면하자마자, 뇌가 그냥 꺼져버리듯 전두엽 특정 중추의 활성화가 감소하는 것으로 확인됐다. 심지어 사소한 대화 중에도 이런 현상이 나타났다.

"피고름으로 빵빵해진 가운이 자랑스러워"

제멜바이스의 데이터는 동료들에게 결코 무해하지 않았다. 그 데이터는 의사들이 루틴을 바꾸기를 요청하고 있었다. 그보다 더 무겁게 다가오는 것은 도덕적 혼란이었다. 영국의 의학

사학자이자 마취과 의사인 리처드 고든Richard Gordon이 말했듯이 19세기 의사들은 "외과의학에서 고름은 피만큼이나 당연한 것"이라 생각했다.[52] "외과의사들은 피로 물들어 빳빳해진 가운을 입고 수술했다. 가운이 빳빳할수록, 의사는 더욱 자부심을 느꼈다." 고든은 당시 런던의 유명한 외과의사 프레더릭 트레브Frederick Treves 경의 말을 인용한다. "청결할 이유는 없었다. 청결은 어울리지 않는 것이었고, 깐깐하고 유난스러운 것으로 여겨졌다. 마치 사형집행인이 목을 베기 전에 손톱 손질을 하는 것처럼 말이다."

이 같은 상황에서 제멜바이스가 불결한 의사는 영웅이 아니라 환자의 생명을 위협하는 존재임을 보여준 것이다. 그래서 그의 통계를 진지하게 받아들이면 의사로서의 자부심뿐 아니라 사회적 명성도 흔들리는 느낌이었다. 동료 의사들에겐 자신들의 확신을 고수할 또 하나의 이유가 있는 셈이었다. 그 확신이 틀렸다 해도 상관없었다. 생각을 바꾸기 위해서는 크나큰 '대가'를 치러야 했기 때문이다.

미국 사회심리학자 앤서니 그린월드는 '전체주의적 자아'를 이야기했다. 이것은 독재자처럼 우리의 감정과 행동을 지배하는 내면의 기제를 말한다.[53] 전체주의적 자아는 안정을 추구한다. 그리고 안정을 유지하기 위해 자신의 무오류성을 의심케 하는 모든 감정과 생각을 억누른다.

제멜바이스의 의견을 따랐던 의사들은 자기 의심과 주변 사람들의 악의에 찬 눈초리에 시달려야 했을 뿐 아니라 심한 양심의 가책을 느꼈다. 제멜바이스의 이론을 신봉했던 몇 안 되는 의사 중 한 사람인 킬의 산부인과 의사 구스타프 아돌프 미하엘리스는 자신의 과실로 인해 수많은 여성들이 세상을 떠났다는 사실을 깨닫고 자살해버리고 말았다.

제멜바이스에 대한 저항은 확증편향의 전형적인 모습이었다. 커다란 반향을 자아내는 주제일수록 사람들은 사실을 더 강하게 거부한다. 자신의 의견에 반하는 정보뿐 아니라 불편한 결과를 초래할 수 있는 정보도 외면한다. 해결책이 마음에 들지 않기에 문제 자체를 부정한다.

똑똑한 사람들이 왜 그럴까

모든 정치 토크쇼는 소위 '해결 기피solution aversion'를 보여주는 무대를 제공한다. 가령 정치적으로 우파 입장의 출연자들은 좌파들이 이민으로 인해 발생하는 문제들을 인정하지 않으려 한다고 탄식한다. 이민을 제한하자는 해결책을 좌파가 거부한다는 것이다. 한편 환경보호론자들은 보수주의자들이 산업계를 보호하기 위해 기후변화의 위험을 축소한다고 비판한다.

어떤 방향의 해결책이 제시되느냐에 따라 사람들은 똑같은 문제를 별것 아닌 것으로, 혹은 엄청나게 중요한 것으로 평가한다. 환경문제와 총기 규제에 관한 미국인들의 입장에 대한[54] 일련의 연구는 이런 평가가 얼마나 순식간에 뒤집어질 수 있는지를 보여준다.

첫 번째 연구에서 연구자들은 참가자들이 공화당 지지자인지 민주당 지지자인지 정치 성향을 파악한 뒤 그들을 무작위로 두 그룹으로 나누었다. 그리고 한 그룹에는 자유시장과 통제받지 않는 자본주의가 기후 문제를 해결할 수 있다는 내용의 연설을 들려주었고, 다른 그룹에는 법률과 규제가 있어야만 전 지구적인 기온 상승을 막을 수 있다는 연설을 들려주었다(연사는 같았다). 연설을 들은 참가자들은 이어 석유, 석탄, 가스의 연소 때문에 지구 대기온도가 평균 2도 상승하리라는 UN 기후변화에 관한 정부 간 협의체IPCC의 예측이 얼마나 현실적이라고 생각하는지를 평가해야 했다.

민주당 지지자들은 대부분 UN IPCC의 예측이 신빙성이 있다고 보았다. 그리고 자유시장을 해결책으로 제시받은 공화당 지지자들도 전 지구적인 기온 상승에 대한 과학자들의 견해를 받아들일 준비가 되어 있었다. 즉 기후위기를 인정할 준비가 되어 있었다. 하지만 규제가 필요하다는 연설을 들은 공화당 지지자들은 UN IPCC의 예측을 부인하며, 기후위기의 심각성을 인정하지 않았다. 이들은 기후과학자들이 과장하고 있다면서 기온 상승이 그리 크지 않을 거라고 주장했다. 따라서 과학에 대한 회의는 사람들이 기본적으로 과학 자체를 의심해서 생겨나는 것이 아니다. 사람들은 단지 불편한 결과들을 듣고 싶어 하지 않을 뿐이다.

두 번째 연구는 약간 다른 주제에 대해 물었다. 미국의 폐 전문의들이 발표한 데이터에 따르면, 4400만 명의 미국인이 미세먼지와 기타 오염물질로 인해 건강상 위험에 노출되어 있다고 하는데 그 주장을 믿는지 질문했다. 결과는 앞의 연구와 같았다. 자유시장을 신뢰하는 참가자들은 시장의 '보이지 않는 손'이 공기를 깨끗하게 하리라는 연설을 들은 경우 전문의들의 데이터가 맞다고 보았다. 반면 규제를 강조하는 연설을 들은 경우는 전문의들의 데이터를 부인했다.

세 번째 연구는 정반대의 정치 성향을 두고 총기 소유에 초점을 맞추었다. 연구자들은 미국인의 총기 소지권을 찬성하는지 참가자들의 의견을 조사했고, 이어 강도들이 무고한 집주인들에게 행사하는 폭력에 대한 글을 읽혔다. 그런 다음 참가자들을 무작위로 두 그룹으로 나누어, 첫 그룹에는 총기 규제를 옹호하는 연설을 들려주었다. 총기 소지가 허용되니 범죄자들이 쉽게 총기를 확보할 수 있어서 폭력이 더 난무할 수 있다는 내용의 연설이었다. 두 번째 그룹에는 자기 방어권을 옹호하는 연설을 들려주었다. 그 연설은 모든 가정이 총기 하나만큼은 확보하고 있어야 범죄에서 시민을 보호할 수 있다며, 총기를 자유롭게 소지할 수 있도록 해야 한다고 주장했다.

연설을 들은 참가자들은 강도의 위협을 묘사한 글을 평가해야 했다. 이들은 어떻게 평가했을까? 총기 소지를 허용해야 한다고 생각하는 사람들은 그 글에 거의 놀라지 않고, 정말로 이런 위험이 상당하다고 보았다. 총기를 규제해야 한다는 입장인데 첫 그룹에 속해 총기 규제를 옹호하는 연설을 들은 사람들도 그 글에 수긍했다. 연설에서 총기가 너무 많이 돌아다니는 상황이 악의 씨가 된다는 말을 들었고, 그것이 자신들의 세계관에 맞았기 때문이다. 하지만 총기를 규제해야 한다는 입장인데 우연히 두 번째 그룹에 들어, 총기는 자기 방어 수단이므로 총기를 자유롭게 소지해야 한다는 연설을 들은 사람들은 강도의 폭력이 지닌 심각성을 부인했다.

이런 연구 결과들은 깨어 있는 사람들이라면 모두 이성적으로 행동할 테고, 그렇기에 그들이 문제를 이해할 수 있도록 도와주기만 하면 된다는 오랜 희망을 무너뜨린다. 사실을 아는 것만으로는 의견이나 행동을 변화시키기에 충분하지 않음을 입증해주고 있기 때문이다. 선입견을 흔들 수 있는 사실들에 대해 우리는 제멜바이스의 동료들과 비슷한 태도를 보인다. 그냥 무시해버리는 것이다. 그러므로 지식은 엄청나게 무력할 수 있다.

진보는 달팽이보다 조금 빠른 것

공개적으로 변화를 촉구한 뒤 2년이 지나 제멜바이스는 빈의 병원을 떠나서 부다페스트로 갔고, 동료들을 일깨우려 500쪽짜리 책을 써서 1861년에 출간했다. 하지만 의학계는 그 책에 대해 혹평으로 일관했다.

그는 자신의 주장을 더 잘 전달하기 위해 어떻게 했어야 할까? 제멜바이스는 전략적이지 못했다. 그는 처음에는 자신에게 우호적이었던 빈의 영향력 있는 의사들의 지지를 확보하는 데 실패했다.[55] 자신의 연구 결과를 의학 전문지에 발표하는 일도 다른 이들에게 맡겼고, 결국 스스로 책을 썼지만 그것은 쉽게 읽히는 책이 아니었다. 동료들이 그의 의견을 따르는 걸 불필요하게 힘들도록 만들어버린 셈이다.

제멜바이스는 노골적인 거부반응을 만나자 공격 모드로 바뀌었다. 그리하여 영향력 있는 산부인과 의사들에게 공개서한을 보내 불쾌한 기분을 드러냈다. 그 편지에서 제멜바이스는 "산욕열에 대해 위험한 오해를 퍼뜨리는" 모든 이들에 대해 "열화와 같은 반기"를 들고 나설 것이라며, 무엇보다 이 편지의 수신인에게 그렇게 하겠다고 밝혔다. 제멜바이스는 빈의 산부인과 의사 요제프 슈페트에게 "교수님도 이 학살에 참여하고 있습니다. 살인은 중단되어야 하고, 살인이 중단될 수 있도록 저는 감시할 것입니다"라고 단언했다. 제멜바이스의 어조는 오늘날 무기력에 빠진 동시대인들을 흔들어 일깨우기 위해 공격적인 행동을 일삼는 독일 환경운동단체의 분노와 절망적인 몸짓을 연상케 한다. 그런 행동은 공감보다는 반감을 불러일으킨다.

제멜바이스가 더 능숙하게 의사소통을 했더라면 과연 돌파구를 마련할 수 있었을까 궁금하다. 산욕열을 의사들이 옮기는 질병으로 선언한 일만이 새로웠던 것이 아니고, 그가 그 통찰에 이른 방식 또한 새로웠기 때문이다. 이전의 어떤 의사도 자신의 이론을 뒷받침하기 위해 통계를 끌어온 적이 없었다. 제멜바이스가 제시한 수치들은 분명 설득력이 있었지만 그의 동료들은 확률적 사고가 생소했다.

힘겹게 낸 책도 통하지 않자, 제멜바이스는 더는 좌절을 딛고 일어서지 못했다. 술에 의존하기 시작했고 심한 우울증을 앓았다. 1865년 여름 그는 빈의 주립정신병원에 수용되었다. 그리고 얼마 지나지 않은 8월 13일, 이그나즈 제멜바이스는 불분명한 사인으로 47세의 나이에 운명하고 말았다.

그런데 바로 그 순간에 상황이 반전되기 시작했다. 전환점은 전혀 예상하지 못했던 방향에서 왔다. 제멜바이스가 세상을 떠나기 하루 전인 8월 12일, 글래스고의 젊은 외과의사 조지프 리스터가 수술을 하며 살균 소독법을 적용했다. 그는 어느 아이의 어려운 수술을 마친 후 페놀에 적신 붕대를 상처에 감았다. 그러자 아이는 놀라울 정도로 빠른 회복세를 보였다. 이후 리스터는 그 방법을 계속 적용했고 곧 수술칼뿐 아니라 환자의 몸 전체에 페놀을 뿌렸다. 그러고는 제멜바이스가 이미 산모들에게서 관찰했던 바를 목격했다. 소독이 사망률을 극적으로 낮추었던 것이다.

리스터는 자신의 연구 결과를 곧장 발표했다. 그럼에도 그는 20년 전 제멜바이스와 같은 형편이 되었다. 동료들은 그를 공격했고 심지어 표절 혐의까지 제기했다. 리스터는 의학 학회에 참석했다가 조롱당했으며, 1873년까지도 유수의 의학저널 〈랜싯The Lancet〉이 리스터 이론의 부당성을 경고하고 나섰다. 심지어 같은 병원에 근무하는 간호사들마저도 적대적인 반응을 보였다.[56]

하지만 리스터는 두 가지 면에서 제멜바이스보다 유리했다. 첫째 그는 자신의 조치가 효과적이라는 사실뿐 아니라, 왜 효과가 있는지를 논리적으로 설명할 수 있었다. 그는 루이 파스퇴르의 실험으로부터 발효와 부패 과정에 대해 배워, 미생물이 부패의 원인이며 감염을 일으킨다는 사실을 알고 있었다. 페놀 같은 화학물질이 미생물을 죽인다는 것도 말이다. 그리하여 리스터는 파스퇴르의 유명한 실험을 예로 들어 자신의 입장을 변호할 수 있었다. 반면 제멜바이스는 미생물이 병을 유발한다는 사실을 알지 못했다.

둘째로 무엇보다 리스터는 제멜바이스에게는 없는 특성을 가지고 있었다. 그에겐 인내심이 있었다. 리스터는 여러 해 동안 이런저런 공격을 받았지만, 정중하면서도 단호하게 대응했다. 그리하여 마침내 살균 소독법을 관철시킬 수 있었다. 피와 고름으로 얼룩진 가운을 자랑거리처럼 여겼던 선배 의사들과 달리 젊은 의사들은 점점 더 위생에 신경 쓰게 되었다. 리스터에게 배우기 위해 외국에서도 사람들이 찾아왔다. 이어 1878년 파스퇴르가 파리 실험실에서 산욕열이 박테리아에 의해 유발된다는 사실을 입증하자, 산부인과 의사들도 더는 저항할 수 없었다. 그리하여 제멜바이스가 위생이 산모들의 생사를 결정한다는 사실을 발견한 이후 약 40년 만에, 산부인과 병동의 대규모 죽음은 비로소 종말을 맞게 되었다.

조지프 리스터가 동료들이 그를 적대시하거나, 무수한 이들의 생명을 위험하게 방치하는 모습을 보면서도 그 모든 세월을 어떻게 견디었는지는 전해지지 않는다. 빠른 진보를 이루지는 못해도 진보의 길을 마련했다는 생각이 그에게 위안이 되었을지도 모르겠다.

〈어느 달팽이의 일기〉(1972)에서 귄터 그라스는 한 아이와 나눈 대화를 이렇게 묘사한다.

"달팽이를 어떻게 생각해요?"

"달팽이, 달팽이는 진보지."

"진보가 뭐예요?"

"달팽이보다 조금 빠른 것."

7장

착각5 자유로울 때 뭐든 바꿀 수 있다

존 내시라는 이름을 들어보았을 것이다. 내시라는 성이 형용사로 쓰일 만큼 유명한 인물이다. 1950년 그는 모두에게 불만족스러운 상황이지만, 각각 손해를 감수하지 않고는 변화를 일굴 수 없는 상황의 본질을 처음 파악했다. 오늘날에는 이런 상황을 '내시 균형'이라 부르기도 하고, '내시적'이라고 칭하기도 한다.[57] 소셜미디어의 악플과 자극적 언어도 내시적이고, 기후위기를 걱정하는 여행객들로 꽉 찬 비행기도 내시적이다. 이웃에게 뒤처지지 않기 위해 빚을 내서라도 소비를 하는 쇼핑 중독자들도 내시적이며, 핵무기로 서로를 위협하는 국가들도 내시적이다.

존 내시는 겨우 22세에 이런 중요한 통찰에 이르렀다. 당시 그는 미국 프린스턴대학교의 수학과 박사과정생이었다. 하지만 그의 논문은 별로 주목받지 못했고, 내시 자신도 이미 발표한 순수수학 분야의 다른 논문들에 비해 그 논문을 그다지 중요하게 여기지 않았다. 얼마 지나지 않아 그는 편집성 정신분열증에 시달렸다. 환청을 들었고, 수학공식을 암호화된 메시지처럼 읽었으며, 붉은 넥타이를 맨 사람들을 공산주의와 결탁한 스파이들로 여겼다. 그는 정신병원에 입원했고 의사들은 인슐린 쇼크요법을 적용해 그를 혼수상태에 빠뜨리기도 했다. 존 내시는 더 이상 논문을 발표하지 못했고 많은 동료들은 그가 죽었다고 믿었다.

내시는 계속하여 머릿속 목소리들과 싸우는 중이었고, 30여 년을 그렇게 지낸 뒤 마침내 망상을 이겨낼 수 있었다(내시의 고통스런 삶을 소재로 훗날 할리우드 영화 〈뷰티풀 마인드〉가 만들어졌다). 그사이 사회과학자들은 내시가 과거 인간과 동물의 행동에 관한 가장 근본적인 통찰 중 하나를 제공했다는 사실을 깨달았다. 존 내시는 이대로 계속될 수는 없다는 공감대가 모두에게 형성되어 있음에도, 사회 변화가 왜 그리 어려운지를 설명해냈던 것이다. 그는 이 공로를 인정받아 1994년 노벨경제학상을 수상했다. 그리고 2015년 노르웨이 국왕으로부터 아벨상을 받고, 아내와 함께 집으로 돌아가던 중 교통사고로 사망하고 말았다.

내시 균형

거리에서 벌어지는 매일의 싸움도 내시적이기는 마찬가지다. 가령 통근하는 사람들이 출퇴근길에 자동차를 몰고 나와 길이 막히는데, 대신 모두가 버스를 이용한다면 분명히 더 빨리 집에 도착할 수 있을 것이다. 그렇게 되면 모두를 빠르고 편리하며 확실하게 목적지로 데려다주는 대중교통망의 구축은 아주 보람 있는 일이 된다. 또한 자동차를 몰고 다니는 비용의 일부분만으로도 대중교통망을 확충할 수 있다. 하지만 더 안 좋은 상황이 이미 존재하기에 거기서 빠져나오기가 쉽지 않다. 대중교통을 이용하는 사람이 그리 많지 않은 경우, 버스를 타도 똑같이 정체를 겪어야 하니 이동 시간이 더 길어진다. 그럴 경우에이 모르겠다 차를 몰고 가자 하고 다시금 자기 차에 올라타는 것도 이해가 가는 행동이다.

모두가 동시에 출퇴근 교통수단으로 버스를 택한다고 해도, 거리가 비어 차가 잘 빠지는 모습을 본 몇몇은 차를 몰고 싶은 유혹을 느끼게 될 것이다. 역시 이해할 만한 일이다. 대부분의 사람들은 직장에서 너무 바쁘고, 또 퇴근하면 가족들을 돌보아야 하므로 여가시간이 빠듯하다. 그래서 출퇴근에 시간을 낭비하고 싶어 하지 않는다. 결국 몇몇이 자동차를 몰고 나오면 다른 사람들도 따라 하고, 도로는 다시금 꽉 막히고 곳곳에 정체가 빚어진다(힘들게 통근하는 사람들의 입에서 도로 확충에 대한 요구가 나오는 것도 당연하다. 하지만 유감스럽게도 여러 번 입증되었듯이 도로를 확충해도 일시적으로만 혼잡이 줄어들 뿐이다. 얼마 안 있으면 그 도로를 다니는 자동차가 다시 늘어난다. 도로가 새로운 자동차들을 끌어들이는 셈이다).

구슬이 항상 그릇의 가장 낮은 지점으로 굴러가듯, 사람들이 더불어 사는 일도 그냥 내버려두면 균형을 향해 나아간다. 하지만 이 같은 내시 균형은 너무나도 자주 공포의 균형으로 드러난다.[58] 이런 딜레마는 게임이론의 고전이다. 20세기 전반에 발전된 게임이론은 사회적 갈등에서 합리적인 결정을 찾고자 한다. 게임이론이라는 명칭은 인간의 행동을 한쪽의 움직임에 대해 다른 쪽이 계속 대응해나가는 것으로 분석한 데서 연유했다. 존 내시는 게임이론에 새로운 토대를 마련했다.

게임이론의 가장 잘 알려진 시나리오는 체포 후 따로따로 심문을 받는 두 공범에 대한 것이다. 검사는 이 둘이 공모해 은행을 털었다고 의심하지만 확실한 증거는 없다. 그래서 각각에게 자백하면 형을 받지 않도록 해주겠다고 회유한다. 한 사람이 자백하면 그는 형을 받지 않고, 상대방은 10년형을 받게 된다. 두 사람 다 자백하면 둘은 각각 5년형을 구형받는다. 그리고 둘 다 침묵하면 불법 무기 소지죄만 적용되어 각자 6개월형을 받는다. 즉 두 사람 모두 상대가 침묵하기를 바라며, 자신도 입을 닫아야만 가장 유리하게 상황을 해결할 수 있다. 두 사람 모두 죄를 시인하지 않을 경우 그나마 형벌이 가볍기 때문이다.

하지만 상대를 믿는 일이 과연 바람직할까? 한 사람이 다른 사람을 생각해 검사의 제안을 거절하려 해도, 상대 역시 그렇게 행동할지는 확신하기 어렵다. 서로 의논하는 것은 불가능하다. 죄를 시인하고 곧장 석방되고 싶은 유혹도 크다. 상대를 무턱대고 믿었다가 10년간 감방에서 썩는 일이 생기면 정말 끝장일 테다. 그리하여 단 하나의 이성적인 선택이 남는다. 바로 상대를 밀고하는 것이다. 상대방 역시 같은 입장이기에, 그도 자백을 해버린다. 그렇게 두 사람은 5년형을 구형받는다. 둘 다 다른 사람의 밀고를 염두에 둔 결과 가장 유리한 해결방법인 6개월간의 구형은 물 건너가버린다. 죄수의 딜레마에서의 배신 역시 내시적이다.

합리적 선택이 최악의 결과를 부른다

앞의 장들에서 사람들이 정보가 충분한데도 불구하고 상황을 잘못 평가하고, 그럼으로써 변화를 꺼리도록 만드는 네 가지 착각을 살펴보았다. 이 네 가지 착각은 지각과 습관의 경제성에 토대를 둔다. 이번 장과 다음 장에서는 결정에 대해 살펴보려고 한다. 상황을 올바로 판단하고 있음에도 사람들은 왜 스스로에게 해가 되는 상태를 고수할까? 이는 우리가 이익과 손실을 다르게 평가하기 때문일 때가 많다. 다음 장에서는 이런 점을 조명해볼 예정이다. 우선 경쟁이 어떻게 변화를 가로막는지를 논해보자.

죄수의 딜레마를 이해하고 나면 공동생활의 많은 문제들에서 비슷한 구조를 발견할 수 있다. 부부간 갈등도, 전 세계적 생태위기의 원인도 게임이론을 따른다. 가령 어선 운영자들은 어린 물고기들이 자라게 두어야 앞으로 조업하는 데 더 좋다는 사실을 모두 알고 있고 또 그러고 싶어 한다. 하지만 대부분의 어업 회사들은 어족 자원이 고갈될 지경에 이르기까지 무분별하게 남획을 한다. 우리만 어획 자원을 보호하면 무엇하랴, 양심 없는 경쟁사가 어족 자원을 싹쓸이해버릴 텐데 하는 생각 때문이다.

디지털화로 인한 여러 혼란들 역시 이런 논리를 따른다. X, 페이스북 등이 허위정보나 혐오표현을 끊임없이 유포하지 않는다면, 소셜미디어를 이용하는 모든 이들과 사회 전체가 더 좋아질 것이다. 하지만 이 플랫폼들을 그런 콘텐츠들로 수놓는 사람은 바로 유저들 자신이다. 어찌하여 소셜미디어를 친절한 토론 공간이자 신빙성 있는 정보의 원천으로, 사이좋게 더불어 살아가는 도구로 만들지 못하는 걸까? 그렇게 하려고 하는 사람은 선동적이고 자극적인 포스팅에 밀려 주목받지 못하기 때문이다. 따라서 구독자를 확보하고자 하는 사람은 대중을 낚을 수 있는 선정적인 표현을 쓰게 된다. 장기적으로 지속하면 결국 자신에게도 손해가 되지만, 악순환을 멈추지 못하고 인터넷 공간을 더 혼란스럽게 만드는 데 기여한다. 소셜미디어에서 이러쿵저러쿵 천박한 언사를 일삼는 것도 역시 내시적이다.[59]

이 같은 상황에서는 각자에겐 합리적인 선택으로 보이는 결정이 합쳐져, 전체에겐 최악의 결과를 초래한다. 그들 스스로가 봐도 혐오스러운 일을 하는 이유를 이해하기 위해 사도 바울처럼 죄를 운운할 필요도 없는 것이다.

소피아의 딜레마

죄수의 딜레마의 논리는 인지부조화의 근본적 원인이다. 독일 아르강 홍수, 이탈리아의 극심한 가뭄, 그리스의 대규모 산불 등이 발생하기 전인 2019년 유럽연합 회원국의 시민들 3만 명에게 '기후변화가 당신의 삶을 바꾸고 있느냐'고 물었다. 그 결과 82퍼센트가 그렇다고 대답했다. '당신의 자녀들이 일상에서 지구온난화의 여파를 느끼게 될까'라는 질문에는 90퍼센트가 동의했다. 90퍼센트 중 49퍼센트는 확신했고, 41퍼센트는 그럴 가능성이 있다고 보았다. 유럽인들이 어떤 질문에 이 정도로 한목소리를 내는 경우는 상당히 드물다.[60] 하지만 역시나 압도적인 수의 응답자가 이 사실이 절망할 이유는 되지 않는다고 생각하는 것으로 나타났다. 그 문제가 충분히 우리 손에 달려 있다고 보기 때문이었다. '자신의 행동이 기후위기를 극복하는 데 기여할 수 있을까, 그렇다면 어느 정도로 기여할 수 있을까'라는 질문에 69퍼센트의 응답자가 '어느 정도' 혹은 '상당히 많이' 기여할 수 있다고 답했다. 그리고 기후변화가 이번 세기 인류에게 던져진 가장 큰 도전이기에 적극적인 행동이 시급하다고 응답했다(응답자의 81퍼센트가 그렇게 대답했다).

이것은 놀라운 수치들이다. 일상적 대화뿐 아니라, 학계에서도 그와 반대되는 의견들이 나오기 때문이다. 온실효과와 싸우는 일은 아무 가망이 없다는 이야기가 들린다. 첫째로 우선 개개인의 영향은 무시할 수 있을 정도이며, 둘째로 온실효과를 유발하는 원인들이 서로 경쟁관계에 있기 때문이라고 한다. 그래서 행동을 변화시킬 만한 자극이 없다는 논리다. 현상 유지는 내시적이다. 이렇게 주장하는 회의론자들이 맞는 것일까?

현실에서는 이런 말이 도마 위에 오른다. "나는 항공교통이 기후온난화를 크게 부추긴다는 사실을 알고 있어요. 하지만 우리도 휴식이 필요하잖아요. 그리고 내가 타든 안 타든 비행기는 뜬다고요. 모두가 비행기를 타려 하니까요. 대기를 오염시키는 비행기가 우리 가족을 실어 나르나 다른 사람들을 실어 나르나 어차피 결과는 똑같아요. 그러니 우리가 휴가를 지중해 휴양지에서 보내지 못할 이유가 뭐란 말이죠?"

누구나 이런 생각을 한다. 그래서 하고 싶지만 아무것도 할 수 없다. 심리학자들은 이를 두고 자기효능감이 느껴지지 않기 때문이라고 이야기한다. 자신의 행동으로 상황에 영향을 줄 수 있을지 의심스러울 때, 뭔가를 이루려는 노력을 게을리하게 되는 현상은 충분히 이해할 수 있다. 우리의 여행객을 소피아라 불러보자. 소피아는 자신의 도덕적 확신을 거스르는 행동을 하면서 마냥 기분이 좋지는 않다. 하지만 자신의 행동이 무슨 기여가 될지 잘 모르는 상황에서 희생을 하는 것은 더 불쾌하다. 그래서 소피아는 차라리 인지부조화를 견디며 비행기를 타고 해변으로 날아가 아름다운 날들을 보낸다.

가장 간단한 해결책은 소피아가 자신의 행동을 합리화하는 것이다. 우리는 그것이 어떻게 작동하는지 이미 살펴봤다. 소피아는 낙관에 가득해서 기후변화가 자신과는 관계없는 일이라고 결론을 내릴 수 있다. 그러면 적어도 자신의 행동으로 해를 끼칠 수 있다는 두려움을 떨쳐낼 수 있다. 또한 항공사의 홍보 문구에 따라 자신이 기후 친화적인 비행을 하고 있다고 믿거나, 아예 애초부터 기후변화 회의론자의 편에 설 수도 있다. 어떤 경우든 그녀는 자신의 신념을 유지할 수 있다. 자신의 견해에 배치되는 정보는 중요하지 않다고 치부해버리기만 하면 된다.

하지만 소피아가 낙관주의나 확증편향에 기대어 난처한 문제에 대해 쉽게 눈감지 못하는 사람이라고 해보자. 그녀는 온실가스 배출의 70퍼센트가 직간접적으로 개인 가정의 소비에서 비롯된다는 이야기를 너무 자주 들었다.[61] 경제수준이 높은 사람일수록 에너지도 그만큼 더 많이 소비하여 기후변화를 부추긴다. 유럽인들의 상위 10퍼센트에 해당하는 부자들이 배출하는 이산화탄소가 유럽이 배출하는 이산화탄소 중 3분의 1을 차지하며, 이는 소득수준 하위 50퍼센트가 배출하는 총량과 맞먹는 수준이라는 사실도 알고 있다. 하위 소득층은 지난 30년간 이산화탄소 배출량을 확 줄인 반면, 상위 소득층의 배출량은 오히려 늘었다.[62] 가진 게 많은 사람일수록 기후변화 완화에 더 많이 기여할 수 있다는 뜻이다. 소피아는 고소득층이다. 그녀는 자신이 특별한 책임을 지고 있음을 의식하고 있다.

이런 상황에서 소피아가 결정을 좀 더 숙고한다면 이렇게 정리될 것이다. 짧은 휴가는 분명 유익하다. 그러나 비용을 유발한다. 소피아는 순진하게 자신이 유발하는 비용이 비행기 티켓값만으로 끝난다고 믿지 않는다. 자신과 자녀들도 기온 상승과 악천후, 가뭄으로 고통받게 되리라는 사실, 지중해 휴양지로의 비행이 기상이변에 한몫한다는 사실을 안다. 소피아는 마음 같아서는 기후변화로 인한 여파들을 겪고 싶지 않다. 내가 힘을 보탤 때 정말로 기후변화를 늦추는 데 도움이 된다면, 짧은 여행을 포기할 수도 있을 텐데.

소피아는 지금 죄수의 딜레마에 봉착해 있다. 그녀의 비행이 기후변화에 미치는 영향이 작기에, 휴가로 인한 개인적인 효용이 휴가로 인한 손해보다 더 크다고 주장할 수 있다. 아마 모두가 자기처럼 생각할 것이다. 그러므로 소피아는 이렇게 생각할 것이다. 자신과 비행기 동승객들은 침묵하는 편이 좋다는 사실을 알면서도, 배신에 대한 두려움 때문에 자백해버리는 죄수의 딜레마 속 죄수들과 비슷하다고 말이다. 비행기에 타는 일은 내시적이다. 소피아가 다른 모든 여행객들이 기후를 보호하고자 비행을 포기할 용의가 있다고 믿는다 해도 그렇다. 결국 모두가 똑같이 다른 사람들을 믿을 수 있을까 의심할 것이다. 소피아는 자신이 두 죄수보다도 더 난감한 상황에 있다고 본다. 죄수들의 운명은 상대 죄수 한 사람의 결정에만 달려 있지만, 소피아는 지구의 운명을 위해 교통수단의 제한을 받아들일 용의가 있는 수천만 명의 선의를 신뢰해야 하기 때문이다.

이 정당한 의심은 설문조사의 그 굳은 믿음—거의 모든 응답자가 기후위기를 극복하는 데 기여할 수 있다고 믿지 않았는가—과 어떻게 합치될 수 있을까? 대부분의 유럽인들이 스스로를 과대평가하는 것일까? 아니면 그들은 이런 질문을 '그래, 모두가 기여할 수는 있지, 하지만 진짜로 기여하지는 않지'라고 시니컬하게 이해하는 것일까?

누구도 원하지 않지만 모두가 하고 있는

어쨌든 우리의 여행자 소피아는 짧은 여행을 즐길 수 있기를 기대한다. 오늘날 사람들이 뭔가를 누리는 일을 그렇게 기대하고 기뻐하는 경우는 점점 더 드물어지고 있지만 말이다. 풍요와 소비, 좋은 삶에 대한 인식은 최근 수십 년간 근본적으로 바뀌었다.

이런 생각의 전환은 독일 사회학자들이 대규모 인구를 대상으로 실시하는 정기적 여론조사 결과에서도 드러난다. 1980년대 첫 여론조사를 했을 때는 응답자의 70퍼센트가 물질적 가치를 중시한다고 대답했다. 물질적 소유, 그리고 치솟는 물가에 대응하며 안정되고 질서 있는 삶을 사는 것을 가장 중요한 목표로 꼽았다. 이제는 우선순위가 거의 반대가 되었다. 물질적 가치를 표방하는 응답자들은 40퍼센트에 못 미치는 반면 60퍼센트가 넘는 사람들이 사회 문제에 참여하고, 사회적 의사결정에 영향을 미치고, 자유로운 의견 표현을 하는 등의 탈물질적 가치를 중요시한다고 나타났다.[63] 거의 모든 서구 산업국가에서 이 같은 방향 전환이 일어나고 있어서 미국 사회학자 로널

드 잉글하트는 이를 "조용한 혁명"이라 불렀다.[64]

잉글하트는 가치 변화가 이들 나라들이 경제적으로 풍요로워진 데서 기인한다고 본다. 돈이 얼마나 행복을 가져다주는지는, 돈을 얼마나 가지고 있는지에 좌우된다. 가난할 때는 수입이 많아지면 삶의 만족도가 대폭 상승한다. 전에 채우지 못했던 기본적인 필요들을 돈으로 채울 수 있기 때문이다. 하지만 행복연구에 따르면 부가 증가할수록 추가로 늘어나는 돈은 삶의 만족감에 별로 기여하지 못한다.[65] 부의 한계효용이 줄어들수록 물질적 가치에 대한 관심도 줄어든다고 잉글하트는 설명한다.

국제적인 비교 연구는 그의 주장을 뒷받침해준다. 가난한 나라에서는 물질적 가치가 지배적이고, 부유한 나라에서는 탈물질적 가치가 지배적인 것으로 나타났다. 에티오피아와 인도의 많은 사람들은 일에서 가장 중요한 부분이 보수라고 답했고, 스웨덴이나 뉴질랜드 사람들은 일에서 창의성과 자율성을 중요시한다고 밝혔다. 세대 간의 비교에서도 이 같은 차이가 드러난다. 독일 같은 부유한 나라에서는 나이가 젊을수록 임금을 덜 중요하게 여기고, 직업만족도를 결정하는 요소로 창의성과 자율성을 꼽는다.[66] 탈물질주의로의 전환은 자원 소비를 줄이는 쪽으로의 변화로 나아가는 지렛대가 되어줄 수 있다. 부유층의 소비가 환경에 가장 큰 피해를 야기하기 때문이다.

하지만 지금까지 혁명은 실제보다는 머릿속에서만 이루어지고 있다. 독일의 도시들을 산책하다 보면 사람들이 소비를 잊어가고 있다는 생각은 전혀 들지 않는다. 탈물질적인 가치들을 중요시한다는 응답이 많아져가는데도 불구하고 거리에는 그 어느 때보다 자동차가 많다. 그동안 자동차 수는 주민 100명당 72대가 되었다. 이 추세가 계속된다면 곧 사람보다 자동차가 많아질 지경이다.[67] 전반적으로 독일의 개인 소비 지출은 지난 30년간 거의 40퍼센트가 증가했다.[68]

앞의 대규모 여론조사를 감안하면 오늘날 젊은 세대들은 출세를 위해 시간을 희생할 마음이 별로 없을 듯하다. 그런데 독일 연방정부의 의뢰로 대학생들에게 여론조사를 한 결과, 응답자의 73퍼센트가 삶에서 가장 중요한 부분으로 '좋은 것들을 구입하거나 누릴 수 있는 것'을 꼽았다.[69] 젊은이들은 웰빙이나 창의성, 자율성 같은 가치를 높게 치지 않는 걸까? 그들은 소비가 이런 목표들에 다가가게 하기보다 그 길을 방해한다는 사실을 알지 못하는 걸까?[70]

개연성 있는 설명은 이러할 테다. 사람들은 이런 모순에 대해 잘 알고 있다. 그들은 스스로에게 도움이 된다는 믿음으로 쓸데없는 물건들을 사는 것이 아니다. 그보다는 뒤처지지 않으려는 욕구에서 가끔은 마지못해 소비를 한다. 젊은이들이 빠듯한 용돈으로 비싼 브랜드의 의류를 사고, 억만장자들이 더 크고 값비싼 요트를 주문하고, 평범한 시민들이 대출을 받아 값나가는 자동차를 구입할 때는 늘 내시 균형이 작용하고 있다. 지위의 상징이 아무도 행복하게 만들지 못하며, 돈을 다른 목적으로 지출하는 편이 훨씬 더 합리적이라는 사실을 모두가 안다. 하지만 모두가 그 게임에 함께하고 있는 이상 누구도 거기서 하차할 수 없다. 소비자들은 죄수의 딜레마에 빠져 있는 것이다.

시카고대학교 경제학자들의 한 연구는 이를 "함정"이라 부른다.[71] 2023년에 발표된 이 연구는 인상적인 수치들을 보여준다. 거의 모든 아이폰 사용자(91퍼센트)가 애플이 매년이 아니라 2년에 한 번 신제품을 출시했으면 좋겠다고 생각한다는 사실이 드러났다. 명품을 사는 사람들 중 거의 절반(44퍼센트)은 구찌, 롤렉스, 포르쉐, 티파니 없는 세상에서 살고 싶다고 답했다. 명품을 가지고 있지 않은 사람들 중에서는 무려 69퍼센트가 그렇게 말했다.

자유주의 사회의 역설

행동은 가치관보다 느리게 변한다. 한 공동체에서 새로운 통찰이 확산되면 도덕적 행동에 대한 기존의 견해들이 흔들린다. 그리고 사회가 리버럴할수록 도덕은 행동보다 더 앞서간다. 이는 예상과 반대되는 현상이다. 언뜻 생각하기에 리버럴한 사회는 변화의 능력이 있을 것 같기 때문이다. 리버럴한 사회는 누구든 자신의 욕구를 최대한 실현할 수 있는 사회가 아니겠는가. 필요와 믿음에 따라 누구나 자유롭게 자신의 행동을 조정할 수 있어야 하는 것이다.

이상적인 자유주의 국가에서는 그 어떤 정부도 개인에게 어떻게 살아야 할지를 규정해주지 않으며, 어떤 지배자도 국가의 목표를 함부로 결정하지 않는다. 지배적인 정치에 더 이상 동의하지 않으면 시민들은 폭력을 동원하지 않고서 정부를 교체할 수 있다. 또한 종교에 의해 절대적으로 규정된 도덕 같은 것도 존재하지 않는다. 다수의 시민들이 원하면 공동생활의 규칙은 언제든 바뀔 수 있다. 경제는 이미 정해진 계획이 아니라 수요를 따르고, 시장에서는 소비자들의 욕구에 최대한 부응하는 공급자들이 성공가도를 달린다. 학문은 도그마에서 벗어나는 것을 지향하는 지식 탐구의 방법을 제공해준다. 모든 이론은 그것을 반박하는 새로운 인식이 나오면 폐기될 수 있는 가설일 뿐이다.

요컨대 우리는 진보와 발전을 지향하는 시스템 속에서 리버럴한 민주주의와 자본주의, 경험적 과학이라는 세 가지 축을 중심으로 살아가고 있다. 이론적 관점에서 이러한 사회는 구성원들의 확신과 소망에 가장 잘 부응할 수 있다. 이번 장에서 살펴보았던 개인적 도덕과 공적 행동 사이의 모순은 이런 사회에서는 있어서는 안 된다.

리버럴한 사회는 바로 다음과 같은 기치 아래 탄생했다. 군주의 자의와 전횡에 대한 응답으로, 교회의 독단주의에 대한 반감으로, 계몽 사상가들은 공동생활의 더 나은 형태를 추구했다. 그들은 인간이 이성과 이해관계에 입각해 행동하는 존재라고 믿었다. 한 사회가 빈곤과 불평등이 만연하며 무너져가고 있다면 그것은 그 사회의 구성원이 무지하거나, 스스로 사고하는 법을 배우지 못했거나, 전제정권의 억압으로 이성을 충분히 활용하지 못하기 때문이라고 보았다. 방해물을 제거할 수만 있으면 모두에게 유익한 진보가 펼쳐지리라고 여겼다.

오늘날 우리는 계몽주의자들이 너무 낙관적이었음을 알고 있다. 계속적인 발전과 성장을 기치로 하는 시스템은 변화할 능력이 없다. 이 같은 경직성은 일시적인 현상도 아니고, 선의에 호소한다고 해서 해결될 수 있는 것도 아니다. 오히려 이런 경직성은 점점 더 확산되고 있다. 시스템 안에 깊이 뿌리내리고 있기 때문이다. 독일 윤리학자 하노 자우어Hanno Sauer는 "현대 사회가 발전할수록, 사회를 바꾸는 것은 점점 더 어려워진다. 점점 더 닫힌 사회가 되어가고, 변화하고 조정하는 일은 더 힘들어진다"고 말한다.[72]

자우어는 사회계약이 개인에게 자유를 약속한다는 점을 상기시킨다. 전통사회가 구성원들에게 어떻게 살아야 할지를 규정해주던 것과 달리, 민주주의는 개개인에게 '다수의 횡포와 국가 권력에 대한 강력한 방어권을 허락해주는' 제도다. 민주주의의 원칙은 소수의 목소리에 귀를 기울이기를 요구한다. 다음 장에서 자세히 살펴보겠지만, 현상 유지를 옹호하는 사람들은 기본적으로 더 유리한 고지에서 싸운다. 민주주의에서는 시위와 소송을 통해 변화를 비교적 쉽게 저지할 수 있다.

하지만 변화를 받아들이지 못하는 경직 상태의 진정한 원인은 더 깊숙한 곳에 있다. 우리의 체제는 사람들이 마음과는 달리 장기적 유익에 배치되는 행동을 한다는 사실을 제대로 깨닫지 못하고 있다. 존 내시의 음울한 통찰은 계몽주의자들에게는 아직 낯선 것이었다. 그들은 자유시민들로 이루어진 사회가 답답한—지금의 상태가 그나마 가능한 상태 중 제일 나은 것으로 보이고, 모든 혁신이 손해로 보이는—균형상태에 갇힐 수 있음을 예감하지 못했다.

진짜로 바뀔 마음이 있을까?

변화를 원한다면 바람직하지 않은 균형상태를 벗어나야 한다. 물론 장벽은 높다. 하지만 그렇다고 극복할 수 없겠는가? 내시 균형은 자연법칙이 아니라 인간의 공동생활에서 생겨나는 현상이다. 우리는 이 균형에 변화를 줄 수 있다. 모든 정치행동은 바로 그것을 시도하는 것이다.

다시 한번 자신의 신념을 거슬러 비행기를 타고 짧은 휴가를 떠났던 소피아를 떠올려보자. 그녀는 기후위기를 막을 수만 있다면 해변에서 휴가를 즐기는 일을 기꺼이 포기할 것이다. 다른 탑승객들도 전 지구적 온난화를 원하지 않는다. 하지만 지구의 환경을 생각하는 일을 개개인의 책임에 맡겨두는 한 재앙은 피할 수 없다. 모두가 '나만 휴가를 포기하면 뭐하냐, 다른 사람들은 다 갈 텐데'라는 생각에, 공동의 장기적 유익을 추구할 마음이 사라진다. 각 개인의 자유로부터 모두가 원치 않는 상황이 빚어지는 꼴이니 모순이 아닐 수 없다. '개인의 이익은 최대한의 개인적 자유를 통해 가장 잘 실현된다'고 주장하는 사람은 존 내시를 이해하지 못했거나 스스로 속이고 있다고 하겠다. 자유가 모든 것을 가능케 하지는 않는다.

모두의 결정을 조율하는 제도가 필요하다. 가령 유류세를 비싸게 부과해 항공료를 올리는 것도 하나의 방법이 될 수 있다. 비용이 기대효용보다 크면 지중해 여행은 매력이 없어지고 기후에 별다른 해를 미치지 않는 여행지를 물색하는 편이 더 나아 보이게 된다. 그리하여 지구에 이로운, 다른 내시 균형이 자리를 잡는다. 따라서 세금이 소피아가 진정 바라는 일인, 자녀들이 그래도 견딜 만한 세상에서 살아갔으면 좋겠다는 목표에 조금 더 다가가게 해줄 것이다. 소피아는 그런 세금정책을 기꺼워해야 할 것이다. 그런데 어떤 기관이 이런 조치를 결정할 수 있을까? 17세기 초 이미 '죄수의 딜레마'와 유사한 문제를 논했던 정치철학자 토머스 홉스는 사람들이 집단지성을 실현해줄 주권자에게 복종하는 편이 좋다는 결론을 내렸다. 그의 유명한 저서 《리바이어던》에서 홉스는 이 역할을 군주에게 맡기는 편이 낫다고 보았다. 반면 홉스 이후의 사상가들은 여러 이유들로 민주주의를 옹호했다. 국민 다수의 뜻만이 국가 권력을 정당화할 수 있으며, 자유시민의 공동 이익이 바로 그러한 이익을 실현할 법을 제정하는 데 충분하다고 생각했다.

하지만 리버럴한 사회의 선구자들은 피지배자들 스스로가 주권자가 되자마자 어떤 일이 생겨나는지를 간과하고 말았다. 자신들에게 이익이 되는데도 시민들이 스스로 절제하려 하지 않는다는 사실을 말이다. 기후재앙이 없는 미래를 원하므로 소피아는 항공료 상승에 찬성해야 할 것이다. 민주주의 사회에서는 자신의 소망을 표현할 수 있다.

그러나 한편으로 그녀는 당연히 여행비를 되도록 적게 들이고 싶어 한다. 정확히 얼마나 적게 내고 싶어 할까? 앞서 인용한 3만 명의 유럽인들을 대상으로 한 설문조사는 이런 질문도 던졌다. '소득에 비례해 부과되는 기후변화 대응 세금이 도입된다고 상상해보자. 이 세금을 통해 충분한 세수가 확보되면 향후

30년 안에 기후 문제가 해결되는 것으로 입증되었다고 할 때, 당신은 매년 어느 정도의 세금을 지불할 용의가 있는가?' 여기서 우리는 거의 대부분의 응답자가 기온 상승이 자신과 자녀들의 삶에 미치는 영향을 우려하거나 매우 우려하고 있다고 답했음을 기억해야 한다. 이들 응답자의 81퍼센트는 기후변화가 이번 세기 인류가 직면한 가장 큰 도전이라는 데에 동의를 표한 바 있다.

시민들은 부유한 사람들이 빈곤한 사람들보다 더 많이 부담한다는 전제하에, 기후 문제를 해결하기 위해 어느 정도의 세금을 낼 의향이 있다고 답했을까? 약 3분의 1(인터뷰를 한 사람들의 30퍼센트)은 1센트도 더 내고 싶지 않다고 했다. 또 다른 3분의 1(33퍼센트)은 최대 20유로까지 낼 용의가 있다고 했다. 1년 기준이다! 응답자의 4분의 1 정도(26퍼센트)는 연간 20~100유로를 내겠다고 했고, 기후를 구하는 데 연간 100유로 이상을 낼 용의가 있는 사람은 10분의 1도 되지 않았다(9퍼센트).[73]

이런 조사와 관련해 문제를 해결하고 양심을 달래기 위해 충분하다고 여기는 금액을 응답자들 스스로 말하게 해놓고서는 뭘 그러냐고 이의를 제기할지도 모르겠다. 다른 연구들에서는 불명확성을 피하여 보통은 시민들에게 에너지, 식료품, 항공여행에 대한 추가 비용을 부담하는 데 동의하는지를 묻는다.[74] 하지만 그래봤자 별 차이가 없었다. 전반적인 연구가 동일한 결과를 보여주었다. 즉 사람들은 우리 세기에 가장 시급하다고 생각하는 문제를 해결하기 위해 음식점에서 마시는 맥주 한두 잔 정도에 해당하는 금액을 지불할 용의가 있었다. 그마저도 아예 안 낸다고 하지 않으면 다행이다. 우리는 보통 기후변화를 막고 싶지만 그럴 수 없다고 믿는 경향이 있다. 하지만 진실은 반대다. 우리는 막을 수 있지만, 막기를 원하지 않는다.

너무 구체적이면 받아들일 수 없다

'지불 의향willingness to pay'이라는 약간 아이러니한 말로 불리는, 이런 현상에 대한 연구결과는 너무나 많이 존재한다.[75] '지불 거부 의향unwillingness to pay'이라 불러야 더 마땅할 듯하다. 각종 문제에서 지불을 꺼리는 마음을 보여주기 때문이다. 사람들은 더 오래 살고 싶어 하지만, 더 오래 일하고 싶어 하지는 않는다. 전자기기가 주는 유익은 좋아하면서도, 디지털화로 인한 부작용은 인정하기 싫어한다. 어린이집에서 세심한 보육이 이루어지기를 원하고, 나이들어서는 배달서비스와 돌봄을 받기를 원하지만 정작 이런 일들을 스스로 할 마음은 별로 없고, 또 이런 일들을 감당할 이민자들을 받아들이는 건 싫어한다.

이런 조사에서 나타나는 패턴은 늘 같다. 힘든 결정을 요구하는 문제에 대해 추상적으로 물으면 대부분이 거기에 크게 동의한다. 기후위기가 풍요의 새로운 개념을 요구하고, 인공지능의 부상이 경제를 뒤흔드리라는 사실을 아무도 부인하지 않는다. 모두가 고령화 사회에는 노동력을 외부에서 충당해와야 한다는 점을 안다. 그리고 이대로 계속 갈 수는 없다고 모두가 열렬히 고백한다. 하지만 경험적 사회 연구가 질문을 계속해나가면 시인 하인리히 하이네가 19세기 초반의 정치 시인들을 조롱한 대목을 떠올리게 된다.

독일의 가수여! 노래하고 찬양하라
독일의 자유를, 네 노래가
우리의 영혼을 사로잡고
우리로 행동하게 하도록 (…)

피리를 불고, 큰 소리로 외치고, 천둥처럼 울려라
매일매일을 (…)
이런 방향으로만 노래하라
하지만 그대들의 문학은
가능한 한 일반적으로만
쓰도록 하라

구체적인 조처가 언급되자마자 보통은 동의가 사라진다.[76] 시민들은 모두가 처한 딜레마에서 빠져나오기 위한 조치들을 거부한다. 이 조치들로 대부분의 사람이 더 나은 형편이 될 텐데도, 삶을 바꾸기보다 현상 유지를 원하는 듯하다. 그것은 사람들이 장기적인 공동의 유익을 위해 스스로를 자제할 능력이 없거나 의지가 부족해서가 아니다. 빈 교차로에서 빨간불이 들어왔을 때 정지해 있는 데 어려움을 느끼는 사람은 소수다. 우리는 빨간불에 멈추어야 한다는 규정을 준수한다. 그 규칙이 친숙하기 때문이다. 새로운 제약에만 반감을 느낄 뿐이다. 왜 그런지는 다음 장에서 살펴보고자 한다.

8장

착각6 우리는 늘 최선을 원한다

"새로운 질서를 도입하는 것만큼 실행이 어렵고, 성공 여부가 불확실하며, 그 실현이 위험한 일은 없다는 사실을 명심하라. 혁신을 시작하고자 하는 사람은 기존 질서에서 이익을 얻는 모든 이를 적으로 삼게 되고, 새로운 질서로부터 유익을 얻을 이들에게서는 미온적인 지지밖에 끌어내지 못한다." 이탈리아 르네상스 시대의 위대한 정치사상가 니콜로 마키아벨리는 동시대 정치가들에게 이렇게 경고했다.[77] "새로운 질서의 적대자들은 기회가 엿보일 때마다 열렬한 공격을 일삼지만, 지지자들은 뜨뜻미지근하게 옹호할 뿐이기에 그들과 더불어 위험에 빠지게 된다."

코카콜라 회사의 경영진이 마키아벨리를 읽었더라면, 전 시대를 통틀어 가장 실패한 신제품을 출시하거나 경제사를 통틀어 가장 고비용이 투자된 마케팅 캠페인을 진행하지 않았을지 모른다. 사실 코카콜라는 변화를 시도할 이유가 충분히 있었다.

1980년대 초 코카콜라의 시장점유율은 급격히 하락했고, 젊은 사람들은 펩시콜라를 마셨다. 소비자 설문조사에 따르면 이유는 분명했다. 펩시가 더 맛있다는 것이었다.

코카콜라의 경영진은 콜라 맛을 개선하기로 결정했고 식품화학자, 조향사, 감각 분석 전문가로 팀을 꾸려 비밀리에 실험을 진행했다. 그들은 물, 설탕, 검은 식용색소, 인산, 바닐린, 카페인을 새로이 조합한 음료들을 만들어냈다. 그러는 동안 시장조사원들은 미국 전역에서 모든 인구집단을 대상으로 블라인드 테스트를 실시했다. 이 프로젝트에는 3년이 소요되었고, 미국 인구의 0.5퍼센트가 넘는 20만 명이 미래의 코카콜라를 시음했다. 시음자들은 열광했고 새로운 코카콜라가 경쟁제품보다 훨씬 맛있다고 입을 모았다. 펩시보다, 그리고 예전의 코카콜라보다 신선하고 달고 맛이 좋다는 반응이었다. 연구자들은 대단히 만족했다.

다만 시음자의 10퍼센트 정도는 회의적인 반응을 보였다. 그들 중 몇몇은 코카콜라가 레시피를 바꾸면, 브랜드 충성도가 하락할 거라고 추측했다. 조사원들은 집단 테스트에서 이들 소수가 다수로 하여금 새로운 맛에 대해 반감을 갖게 하는 경향이 있었다고 보고했다.[78] 그러나 이사회는 경고를 무시했다.

전격적으로 언론 캠페인이 시작되었다. 1985년 4월 23일 기존의 코카콜라는 슈퍼마켓 진열대에서 자취를 감추었다. 대신에 'NEW'라는 글자가 적힌 병과 캔이 등장했다. 패스트푸드점의 음료 디스펜서에서도 바뀐 레시피의 콜라만 나왔다. 텔레비전 광고, 신문광고, 심지어 저녁 뉴스까지도 새 시대를 여는 새로운 탄산음료의 탄생을 축하했다. 모든 것이 대성공을 예고하는 듯했다. 뉴욕, 마이애미, 디트로이트의 소비자들은 호의적인 반응을 보였고, 코카콜라는 더 많은 음료를 생산했으며 주가도 상승했다. 코카콜라의 한 임원은 의기양양해서 이렇게 말했다. "변화는 미국 국민이 동일시하는 가치입니다."

온 미국이 새로운 맛에 대해 떠들어대는 가운데 신문 기자들은 불만을 가진 몇몇 사람을 찾아내는 데 성공했다. 그리하여 위스콘신주의 한 지역 신문은 19세 청년의 인터뷰를 실었다. 그는 자신의 삶에서 통제할 수 없는 것들이 많은데 "이제 어린 시절부터 늘 한결같았던 콜라마저 변했다"고 말했다. 그때까지 매일 코카콜라를 한 상자씩 마셔왔다는 텍사스주 샌안토니오의 댄 로크라는 남자는 "코카콜라가 새로운 맛을 도입한 날은 내 인생의 가장 암울한 날"이라면서 상실감을 떨쳐내기 힘들다고 토로했다. 워싱턴주 시애틀에서는 은퇴한 부동산 투자자 게이 멀린스가 새로운 코카콜라에 반대하는 시민단체까지 만들었다. 그는 '올드 콜라 드링커스 오브 아메리카Old Cola Drinkers of America'라는 단체를 설립한 후 분노한 사람들을 위해 핫라인을 개설하고 코카콜라 회사를 상대로 집단소송을 제기했는데, 소송은 즉각 기각되었다. 나중에 밝혀진 바에 따르면 멀린스는 활동을 중단하는 대가로 어마어마한 돈을 받아내려고 코카콜라를 압박했다고 한다.[79]

이제 모든 것이 빠르게 전개되었다. 코카콜라 본사에는 수만 통에 달하는 항의편지가 쇄도했다. 새로운 맛을 비판하는 사람은 소수였고, 대다수는 늘 마셔오던 익숙한 음료가 사라진 데 대해 불만을 표했다. 코카콜라의 의뢰로 고객센터의 통화내용을 청취한 신경정신과 의사는 어떤 사람들은 마치 가족을 잃은 것같이 슬퍼하더라고 보고했다. 신문 칼럼니스트들은 격한 논평을 통해 코카콜라가 미국인들에게서 자유를 앗아갔다고 비난했다.

그리하여 불과 79일 만에 회사는 방향을 되돌렸다. 이사회는 깊이 후회하는 모습을 보였다. 한 임원은 "그토록 많은 사람들이 오리지널 코카콜라에 대해 느끼는 그 깊고 오랜 정서적 유대감을 간과하여" 끔찍한 실수를 저질렀다고 말했다. 1985년 7월 11일부터 코카콜라는 다시 원래의 레시피로 만든 콜라를 공급했다. 블라인드 테스트에서는 오늘날까지도 새로운 레시피가 우세를 보이고 있지만 말이다.

소유효과

콜라 소비자의 대다수는 변화를 원했지만 소수는 이를 거부했다. 그런데 어떻게 이 소수가 세계적인 대기업을 무릎 꿇게 하고 옛 맛으로 돌아가게 할 수 있었을까? 그 힘은 대체 어디서 나온 것일까? 문제는 새로운 맛이 아니라, 익숙한 맛을 잃었다는 사실이었다. '올드 콜라 드링커스 오브 아메리카'는 계속해서 코카콜라가 그들에게 뭔가를 앗아가버렸다고 주장했다. 그들은 익숙한 콜라를 자신들의 소유물로 느꼈다. 그 익숙한—그들의 익숙한!—음료가 더 이상 슈퍼마켓 진열대에 놓여 있지 않게 되자 부당한 처사에 피해를 본 기분이 들었다.

사실 모든 것이 간단해 보였다. 대부분의 사람들이 선호하는 새로운 레시피로 옛 맛의 상실을 상쇄하고도 남을 듯했고, 결과적으로 이익이 되리라고 예측됐다. 격렬한 저항은 예상치 못한 것이었다. 마케팅 전략가들은 그렇게 생각했다. 하지만 5년 뒤 행동경제학자 리처드 탈러는 고전적 실험을 통해 이런 예상이 왜 맞지 않았는지를 보여주었다. 1990년 그는 한 실험에서 학생들에게 간단한 과제를 해결한 대가로 초콜릿이나 머그잔 중 하나를 고르게 했다. 이후 참가자들은 자신의 선택과는 상관없이 무작위로 초콜릿이나 머그잔 중 하나를 받았는데, 다른 것이 더 갖고 싶은 경우 서로 교환할 수 있었다. 하지만 교환하려는 사람은 거의 없었다. 머그잔을 받은 학생은 그냥 그것을 가졌고, 머그잔을 원했지만 초콜릿을 받은 학생도 그냥 초콜릿을 가졌다.[80]

이런 행동은 전통적인 신고전파 경제학에 배치된다. 경제학의 일반적 학설은 사람들이 자신의 선호에 따라서 행동한다는 것이다. 우리는 가장 좋은 것을 원하고, 뭔가가 갖고 싶을수록 더 노력해서 그것을 얻으려 한다는 주장이다. 그러나 탈러의 실험에 참가한 학생들은 설령 원하지 않았던 물건을 받았더라도 가진 것을 고수했다. 그저 간단한 손짓만으로 동료와 교환할 수 있었음에도 그들은 아무것도 하지 않았다. 단것을 좋아하는 사람들과 커피 애호가들이 초콜릿과 멋진 머그잔에 대한 자신들의 선호를 잊어버리기라도 한 듯, 주어진 물건에 만족했다. 탈러는 이 특이한 행동을 '소유효과'라고 불렀다. 이 실험들은 굉장히 설득력 있고 혁신적이어서, 리처드 탈러는 2017년 노벨경제학상을 수상했다. 당시 탈러가 학생들에게 나누어주었던 흰색 바탕에 빨간색 코넬대학교 로고가 박힌 머그잔 하나는 오늘날 스톡홀름 노벨박물관에 전시된 알베르트 아인슈타인의 원고들 옆에 놓여 있다.

앞에서 두 번째 착각을 살펴보면서, 우리는 익숙한 것을 점점 선호하게 만드는 습관의 미묘한 힘에 대해 알아보았다. 시인 라이너 마리아 릴케는 이것을 "우리에게 붙어 있는 것을 좋아하는 습관의 삐뚤어진 충실함"이라 불렀다.

소유효과는 그것과는 좀 다르게 작동한다. 첫째, 소유효과는 서서히 시간을 두고 나타나지 않고 곧장 발생한다. 탈러의 학생들은 처음부터 그들이 받은 상품을 교환할 마음이 없었다. 둘째, 소유효과는 선호의 변화가 없이도 작동한다. 초콜릿을 원했는데 머그잔을 받았으나 교환하지 않은 학생은 다음번에도 다시 초콜릿을 받았으면 했다. 셋째, 습관이 형성되지 않은 상태에서도 소유효과가 확인된다. 이것은 타인의 주식 포트폴리오를 넘겨받은 투자자를 대상으로 한 연구에서도 드러났다. 계좌명세서에 적힌 종목들에 애착을 느낄 사람은 아무도 없을 것이다. 특히 그 주식이나 채권을 다른 사람이 매입한 경우라면 더더욱 말이다. 그리하여 새로운 소유자들은 포트폴리오의 구성을 마음에 들어하지 않는 경우가 많았는데, 그럼에도 주식을 팔 생각은 하지 않았다.[81]

얻는 기쁨보다 잃는 고통이 더 크다

소유효과에 대해 반박할 수도 있을 것이다. 어떤 변화의 비용과 편익을 어떻게 비교할 수 있겠느냐면서 말이다. 가령 새로운 코카콜라는 더 좋은 맛을 제공했지만, 고객들로부터 옛 맛에 얽힌 추억과 친숙함을 앗아갔다. 변화된 음료가 더 맛있음에도 그것을 거부한 사람이 정말로 자신의 이익에 반하는 행동을 했다고 볼 수 있을까? 또한 독일 운전자들이 내연기관차를 전기차로 바꾸지 않으려 하는 경향을 정말로 소유에 대한 비합리적인 집착이라고 할 수 있을까? 자동차 애호가들도 배터리로 가동되는 전기차가 가속이 더 잘되고, 유지비가 적게 들며, 또 지붕에 설치한 태양열 전기로 비용을 들이지 않고 충전할 수도 있음을 인정한다. 그럼에도 그들은 여전히 4기통 혹은 8기통 엔진 차량이 효율적인 전기차와는 비교되지 않는 감정적 가치를 지닌다고 말한다. 평소 고급 스포츠카를 즐겨 타는 독일의 한 잡지 편집장은 "전기차에는 영혼이 없다"면서,[82] 바로 그런 이유로 내연기관차를 위해 싸우고 있다고 한다.

하지만 이런 반론들은 그다지 설득력이 없다. 사람들은 이익과 손해를 명확히 평가할 수 있는 경우에도 더 나은 대안을 팽개치고, 자신의 소유물을 지키는 경향이 있기 때문이다. 실험 참가자들이 스스로 원하지 않았던 보상을 원했던 보상으로 교환하기를 거부한 것이 그 한 가지 예이고, 투자자들이 시덥지 않다고 생각하면서도 주식을 계속 보유하고 있는 것이 또 다른 예이다.

세 번째 예로 다음과 같은 상황이 있다. 당신이 열렬한 축구팬이라고 해보자. 당신이 응원하는 팀이 중요한 경기를 앞두고 있고, 당신은 무조건 경기장에 가서 응원하고 싶다. 하지만 티켓을 구하기 위한 경쟁은 너무 치열해 거의 로또 당첨 수준이다. 그런데 당신은 믿기지 않게도 운이 따라서, 적은 돈으로 입석 티켓 하나를 구했다. 경기를 며칠 앞두고 이 티켓은 인터넷에서 200유로에 거래된다. 당신은 티켓을 팔 것인가? 나중에 역시나 중요한 시합을 앞두었을 때 당신은 별로 운이 없어서 티켓 예매에 실패하여, 2차 티켓 시장에서 티켓을 구해야 하는 실정이다. 정말로 200유로를 주고 입석 티켓을 구입하겠는가?

당신이 두 번 다 "아니"라고 대답했다면 충분히 이해할 수 있다. 대부분의 사람들이 그렇게 반응한다. 하지만 이성적으로 생각하면, 당신의 결정은 그리 일관적이지 않다. 첫 번째 경우 티켓을 팔지 않든, 두 번째 경우 티켓을 사든 경기장에서 직접 응원을 한다면 당신은 200유로를 덜 가지게 되는 셈이다. 반대로 티켓을 팔거나 티켓을 사지 않아서 그냥 텔레비전 앞에서만 응원한다면 200유로를 더 갖게 되는 셈이다. 하지만 소유효과가 우리를 행동하지 못하도록 그냥 잡아 앉힌다.

우리는 보통 소유물을 포기할 때 똑같은 소유물을 얻기 위해 지불할 용의가 있는 금액보다 더 많은 금액을 요구한다. 한 연구에 따르면 치열한 경쟁을 뚫고 매년 열리는 전국 챔피언십 경기 티켓을 얻은 미국 농구팬들은 이 티켓을 평균 2400달러를 받고 팔 용의가 있다고 응답했다. 반면 똑같은 농구팬들에게 이

입장권을 구하는 데 얼마를 지불할 용의가 있느냐고 묻자 평균 170달러라고 답했다.[83]

물론 예매에 성공한 팬이 티켓을 팔 수도 있을 것이다. 그 돈으로 여행을 가고 경기는 그냥 텔레비전으로 봐도 괜찮지 않겠는가. 그러나 그러려면 그는 우선 티켓을, 그로써 경기를 직접 관람하는 기회를 포기해야 한다. 대가로 뭔가를 얻는다 해도 포기는 힘들다. 우리는 얻는 데 대한 기쁨보다 잃는 데 대한 고통을 더 강하게 느낀다. 포기하는 대상과 얻는 대상이 객관적으로는 동일한 가치를 지닌다 해도, 심지어는 포기하고 다른 걸 얻는 편이 전체적으로 더 이익이 될 때도 말이다. 이런 불균형은 불확실함이 클수록 더 강해진다. 게다가 위험이 없는 결정이 어디에 있을까?

이런 통찰에도 노벨경제학상이 수여되었다. 2002년 노벨경제학상을 받은 심리학자 대니얼 카너먼은 정교한 실험들을 통해, 사람들이 커다란 이익으로 느끼는 기쁨보다 작은 손실로 느끼는 근심이 더 크다는 사실을 보여주었다. 또한 우리가 결정을 내릴 때 최종적인 이익보다는 그 과정에서 감수해야 할 손실에 더 많이 휘둘리는 경향이 있음도 증명했다.

그 원인은 뇌가 긍정적 감정과 부정적 감정을 만들어내는 방식이 완전히 다르기 때문이다. 이익을 바라는 마음을 뇌는 보상에 대한 기대로 평가한다. 그러면 중뇌에서 우리를 행동하도록 동기부여하는 프로세스가 시작된다. 그렇게 근육운동이 조절되고 도파민 등 호르몬이 분비되어, 설렘을 느끼게 하는 중추들이 활성화되고 학습능력과 호기심도 깨어난다.[84] 반면 손실에 대한 전망은 꼭 의식적이지는 않아도 두려움과 거부감을 야기한다. 대뇌 측두엽에 있는 한 쌍의 핵인 편도체는 위험을 거부하는 방향으로 나아간다. 그리하여 때로는 공격성을 불러일으키고 때로는 도피 반응을 만들어낸다. 위험에 대한 가장 흔한 반응은 회피이다. 우리는 놀라서 얼어붙기라도 한 듯 행동하지 않으면서 손해를 최소화하고자 한다.[85]

긍정적 감정은 기회를 알아차리게 만들지만, 부정적 감정은 위험을 회피하게 만든다. 그리하여 우리는 엇비슷한 이익을 얻을 전망보다 손실을 볼 가능성에 더 강하게 반응한다. 이득을 놓치는 일은 생존에 별다른 영향을 미치지 못하지만, 위험에 제대로 반응하지 못하면 최악의 경우 치명적인 영향이 빚어지기 때문이다. 수백만 년간의 진화과정에서 형성된 이런 생존 프로그램을 우리는 매일같이 느낀다. 이 프로그램이 소유효과도 만들어낸다. 우리가 손실과 이익을 그리도 다르게 평가하고, 손실에 대한 두려움이 우리를 꼼짝 못 하게 만들기에 선호를 따르는 일이 힘들다. 대신에 우리는 현상 유지를 택한다. 대부분의 사람들이 우연히 손에 넣게 된 것을 고수한다.[86]

에페족이 그물을 쓰지 않는 이유

변화로 인한 손실은 이득보다 더 비중 있게 다가올 뿐 아니라, 더 선명하게 의식된다. 이는 우리가 이득과 손실을 경험하는 순서 때문이다. 우리는 장점이 드러나기 훨씬 전에 단점을 먼저 느끼기 마련이다. 그래서 비용은 곧장 구체적으로 느끼는 반면, 유익에 대한 전망은 멀고 추상적으로 느낀다. 인내심이라는 건 본래 인간의 강점이 못 된다. 인간뿐 아니라 다른 지능 있는 동물들도 이런 특성을 지니고 있다는 사실은, 진화가 이 특성을 우리 깊숙이에 심어놓았음을 보여준다. 개, 쥐, 비둘기, 까마귀, 원숭이들도 나중에 더 좋은 먹이를 얻을 전망이 있을 때 당장의 먹이를 포기할 수 있지만, 예외적인 경우에만 그렇게 한다.[87] 인간이 돈을 빌려주면서 이자를 받듯이 말이다.

보상을 기다리기 싫어하는 마음이 손실에 대한 두려움과 짝을 이루어 우리를 근시안적으로 만든다. 우리는 현재의 불쾌함을 줄이기 위해 더 안 좋은 미래를 감수한다. 멀리 보지 못하는 것은 어제오늘의 일이 아니다. 미국 인류학자 로버트 에저턴Robert Edgerton은 저서 《병든 사회들Sick Societies》에서 소위 환경에 적응했다고 전해지는 원시부족들에 대한 전설을 반박하는 수백 개의 현장연구를 분석하여, 인간들은 예전부터 늘 인지적 왜곡의 희생자였음을 증명했다.[88]

에저턴이 인용한 수많은 보고 중 하나는 콩고 원시림에 사는 피그미족의 삶을 묘사한다. 그곳에는 수십만 년 전부터 호모사피엔스 중 가장 오래된 개체군이 살아왔다. 에페족을 비롯한 일부 부족들은 남자들이 활과 화살로 사냥을 했고, 여자들은 채소를 재배했다. 반면 트와족을 비롯한 또 다른 부족들은 덫을 놓은 후 남녀 모두가 영양들을 그물로 몰아넣는 방식으로 사냥했는데 이 방법으로 더 많은 동물들을 포획할 수 있다. 덫을 놓는 부족들은 자신들의 필요보다 더 많은 고기를 얻었고, 이것을 유리한 조건에 채소와 교환했다. 에페족은 왜 그물을 사용하지 않을까? 초기의 현장 연구가들은 환경 조건이 다르기 때문이라고 추측했다. 하지만 열대우림과 거기 사는 동물들은 어디나 똑같다. 지역에 따라서는 에페족과 트와족이 서로 나란히 붙어서 살아가며, 에페족도 물론 이웃들이 얼마나 쉽게 양식을 얻는지를 알고 있다. 심지어 그물을 만드는 법도 정확히 안다.

미국 인류학자 로버트 베일리Robert Bailey와 로버트 아웅거Robert Aunger가 인터뷰를 통해 비밀을 캐낼 수 있었는데, 에페족 사람들은 동물을 그물 안으로 모는 식으로 사냥할 수 있고 그렇게 하는 편이 더 수지맞는 일이라고 말했다. 하지만 그 방법을 쓰려면 우선 그물을 만들어야 하는데 이 일이 유감스럽게도 너무 번거롭다는 것이었다.[89]

왜 이익을 따라 행동하지 않을까

우리는 다를까? 아무도 지구를 파괴하고 싶어 하지 않는다. 재생에너지의 가격이 급격히 하락한 이래 석유, 석탄, 가스를 연소하는 것은 비용이 더 저렴하지도 않다. 세계은행의 전 수석 이코노미스트 니컬러스 스턴은 2006년 획기적인 보고서에서, 친환경 기술에 대한 투자가 수익성이 있음을 보여주었다. 그는 연간 국내총생산의 약 1퍼센트만 투자하면 전 세계가 향후 20년 내에 화석연료에서 벗어날 수 있다고 분석했다. 석유와 석탄을 계속 연소하면 그보다 훨씬 비용이 많이 든다고도 했다. 이 경우는 연료비용과 기후변화에 대응하는 비용이 연간 국내총생산의 최소 5퍼센트, 최대 20퍼센트에 달하리라는 분석이었다. 이것은 자못 신중한 추정치였다.

10년 뒤 스턴은 자신이 당시 기후변화의 위험과 그로 인해 들어가는 비용을 너무 낮게 잡았다고 고백했다.[90] 게다가 그사이에 풍력발전 비용은 절반 넘게, 태양광발전 비용은 무려 7분의 1 수준으로 낮아졌다. 지금은 거의 세계 전역에서 풍력과 태양광으로 전력을 생산하는 것이 기존 발전소에서 전력을 생산하는 것보다 저렴하다.[91] 독일에서는 재생에너지 가격이 급락하기 전인 2014년에 이미 재생에너지의 생산 비용이 기존 에너지와 비슷한 수준에 도달했다는 연구들이 있었다.[92]

경영자들은 모두 이런 수치에 열광할 것이다. 투자 수익률이 500퍼센트 이상인 사업이 어디 있겠는가 말이다.[93] 풍력 터빈과 태양광 패널이 상당히 효율적이기에 2023년 독일에서는 처음으로 이들이 생산한 전력이 전체 소비 전력의 절반 이상을 공급했다. 이는 한편으로는 진보가 가능하다는 사실을 보여준다. 하지만 이 정도만으로는 기후 목표를 달성하고, 석유와 가스 공급국들로부터 벗어나 에너지 독립을 이루기 어렵다. 독일은 에너지 공급 전환에 대한 자체 계획에 한참 뒤처지고 있다. 연방회계감사원도 2024년 보고서에서 더 적극적인 조치를 취할 것을 요구했다.[94] 전환이 이익을 약속하는데도 어째서 이렇게 지지부진한 걸까? 정치권은 경영자처럼 계산하지 않는다. 정치가들은 사람들이 무엇에 마음을 쓰는지 알고 있다. 이익에 대한 전망이 사람들을 혹하게 하는 정도보다 손실에 대한 두려움이 사람들을 불안하게 만드는 정도가 더 크다는 사실을 말이다.

한 나라가 에너지 공급 방식을 전환할 경우 손실은 불가피하다. 다른 곳에서는 새로운 일자리가 생긴다고 해도 일단 기존의 일자리들이 사라진다. 내연기관 자동차와 기름보일러는 고물이 되어버리고, 풍력 터빈과 새로운 송전선은 경관을 해친다. 집 있는 사람들은 난방 시스템을 교체함으로써 장기적으로는 수만 유로를 절약할 수 있을 테지만, 만만치 않은 초기 설치비를 생각하며 결정을 주저한다.

기후를 보호하는 조치를 쉽게 찾아낼 수 있고 그것이 주는 경제적 유익을 명백히 계산할 수 있음에도 그 조치를 실행하기가 왜 그리 힘든지는, 복잡하게 얽힌 두 가지 효과로 설명할 수 있다.

첫째, 인간의 이성은 이익보다 눈앞의 손실에 더 무게감을 둔다. 따라서 방향 전환의 비용이 그것이 가져올 이익보다 자동적으로 더 크게 다가온다. 앞에서 살펴보았듯 변화를 위한 대가를 치르기 싫어하는 마음은 '소유효과'에서 비롯된다. 이 효과는 현재 상태가 그 어떤 변화보다는 낫다는 착각을 불러일으킨다.

둘째, 방향 전환이 가져오는 많은 유익은 수년 뒤, 심지어는 수십 년 뒤에야 나타난다는 점이 변화의 매력을 감소시킨다. 이익이 늦게 나타날수록, 그 이익은 그다지 매력을 발휘하지 못한다. 거꾸로 말해 지금의 편안한 행동이 초래할 부정적 결과가 시간적으로 더 멀리 있을수록, 우리는 변화를 주저하게 된다. 오늘날 전 세계는 그물을 짜기 싫어 차라리 활과 화살로 힘겹게 빈약한 사냥을 하는 피그미족과 같은 딜레마에 직면해 있다. 모두가 미래를 위한 투자를 꺼리는 것이다.

변화를 원한다면 침묵해야 한다

마키아벨리는 혁신을 이루려면, 강제로 관철시켜야만 한다고 충고했다. 군주가 반대세력을 좋은 말로 설득시켜야 한다면 그 일은 이미 실패한 것이며, 그런 경우라면 그저 예전 그대로 내버려두는 편이 더 낫다고 했다. 오늘날 이렇게 내버려두는 선택지는 더 이상 존재하지 않는다. 우리의 세계는 본질적으로 불안정하다. 변화를 거부하는 자는 실패한다. 하지만 마키아벨리는 모든 개혁이 안고 있는 딜레마를 정확히 짚었다. 변화는 기존의 것을 상실하는 일이므로 저항을 불러일으킨다. 너무 드러내놓고 변화를 의도하는 자도 마찬가지로 실패한다.

이에 따르면 코카콜라 회사는 새 레시피를 강조해서는 안 되었다. 마키아벨리라면 새로운 콜라에 대한 거부감을 미연에 방지하라고 조언했을 텐데 말이다. 코카콜라는 맛을 몰래 점진적으로 바꾸기만 하면 되었을 것이다. 변화에 실패한 이후의 실험들은 슬며시 맛을 바꾸었으면 아무도 눈치채지 못했으리라는 사실을 증명해주었다.[95] 변화를 원하는 자는 변화에 대해 침묵해야 한다.

은폐 전략은 잘 구사되지 않는다. 그러나 가장 위험한 전략은 변화의 모든 결과를 솔직하게 보여주는 것이다. 그러면 변화로 인해 잃게 되는 것들이 주된 관심사로 떠오르고, 더 이상 누구도 변화의 이익을 생각하지 않게 된다. 일단 그런 일이 일어나면 개혁가는 궁지에 몰리고, 원래 보여주고 싶어 했던 변화의 긍정적인 면들은 잊히고 만다.

환경운동은 이런 현상을 경험했다. 환경을 위해 절제하고 포기하는 일이 필요하지만, 절제와 포기는 좀처럼 호응을 얻지 못한다는 사실을 누누이 경험했다. 여전히 환경운동가들은 부유한 나라의 주민들에게 절제를 요구한다. 활동가들은 윈스턴 처칠처럼 하고자 한다. 처칠은 영국인들에게 드릴 것이 "피, 땀, 눈물"밖에 없지만, 자유를 위해 싸울 것을 촉구했다. 처칠의 연설이 효과가 있었던 이유는 1940년 당시 영국의 멸망이 임박했음을 의심하는 사람이 아무도 없었기 때문이다. 하지만 환경파괴는 느리게 진행되므로 그와 같은 경종을 울리지 못한다. 포기에 대한 호소에 설득당하는 사람은 소수뿐이다. 다른 많은 사람들은 삶의 토대를 상실할 것을 우려하기보다는 자신들이 살아온 방식을 잃게 될 것을 두려워한다. 그래서 다수는 자신의 행동을 변화시키지 않고, 환경운동가들의 신뢰성이나 분석을 못미더워한다.

변화의 유익에 초점을 맞추는 방식으로 관점을 전환해야 승산이 있다. 그러면 사람들이 더 나은 삶에 대한 기대와 호기심에 이끌려 두려움을 극복할 수도 있다. 성장의 한계를 인식했기에 무절제한 소비에서 벗어나자고 호소하려고 한다면, 다음과 같은 긍정적인 면을 강조할 수 있다. 돈과 지위를 추구하는 데서 벗어나면 더 건강해질 수 있고, 배우자와 가족, 친구들을 위해 더 많은 시간을 낼 수 있으며, 끝없이 사무실에 앉아 있는 대신 관심 있는 활동을 할 수도 있다. 1년에 여러 번 무료한 일상을 벗어나 지구 반대편까지 날아가는 대신에 점차 회복되는 자연을 바로 집 앞에서 누릴 수 있다.

손실의 두려움에 맞서는 법

사람들은 놀라울 정도로 빠르게 새로운 상황에 적응한다. 그들은 변화에 대한 두려움이 변화 자체보다 안 좋다는 사실을 경험한다. 가령 앞으로 가진 재산이 더 적어지리라는 전망은 부유한 사람들마저도 생계를 걱정하고 잠을 설치게 만든다. 하지만 손실이 현실이 되자마자 그것은 별로 중요하지 않게 된다. 미국인들을 대상으로 한 탄소세 설문조사도 이를 보여준다. 이 연구에서는 두 그룹의 응답자들에게 각기 다른 설명을 들려준 뒤 어느 정도의 탄소세가 적절할 것 같으냐고 물었다. 그 결과 '탄소세는 오래전 법으로 정해졌기에 모두가 납부해야 한다'라는 설명을 들은 응답자가 '앞으로 탄소세를 도입할 계획'이라는 설명을 들은 응답자보다 세 배 더 높은 세금을 낼 용의가 있다

고 밝혔다.[96]

손실에 대한 두려움이 거부감을 불러일으키는 이유는 우리가 현상태를 기준으로 삼고, 대안이 가져다줄 실제적 유익보다는 지금 상황과 비교해 어떤 손실이 있는가에만 초점을 맞추기 때문이다. 오늘날 대부분의 사람들은 자신들의 차량을 지금처럼 도시 곳곳에 세우지 못하는 상황을 상상할 수 없다. 현재는 차량이 주차해 있는 길가에 차 대신 자전거가 달리고 아이들이 뛰놀며 나무가 자라는 모습을 떠올리지 못하는 것이다. 도심 교통이 원활하도록 차량 진입을 저지하자는 아이디어는 더 당황스럽게 다가온다. 도심을 통과하는 차량에 교통혼잡세를 부과하자는 제안도 많은 사람들에겐 자유를 빼앗는 조치처럼 느껴진다.

하지만 변화는 가능하다. 독일의 대도시에서는 아직 주거지를 가로지르는 고속도로가 새로 지어지고 있는 반면, 파리의 센 강변에는 다시 평화가 찾아왔다. 파리 시의회는 2016년, 수십 년간 자동차들의 굉음으로 요란했던 강변의 자동차 도로를 폐쇄하고 공원으로 변모시켰다. 그때부터 센 강변은 다시금 연인들과 산책자들에게 돌아갔다.

런던, 예테보리(스웨덴의 도시), 밀라노 등 유럽의 여러 도시에서는 오래전부터 도심 혼잡통행료를 징수해왔다. 이들 도시에서도 처음에는 반발이 컸다. 많은 사람들이 통행료를 받으면 도심 상권이 무너지고, 유흥가가 텅 비며, 노인들은 외출하지 못하고, 직장인들은 출근이 힘들어지리라며 걱정했다. 하지만 이런 우려가 하나도 현실로 나타나지 않자 반대하던 사람들도 침묵했다. 상세한 조사들이 사람들의 인식이 얼마나 빠르게 변하는지를 기록하고 있다. 몇 달 되지 않아 시민들은 도로가 한산해지고 소음과 매연이 줄어드는 등 도시의 긍정적 변화를 체감하게 되었다.[97] 그리고 그 유익을 위해 도심의 자동차 제한을 감수하고 있다.

손실에 대한 두려움을 극복하는 가장 강력한 수단은 이 두려움에 맞서 싸우는 것이 아니다. 현상태를 잠시 잊고 가능한 미래를 상상해보는 것이다. 상상력은 습관의 폭정을 이길 수 있다. 더 나은 삶을 구체적으로 생생하게 그리는 사람은 이미 그 삶으로 나아가는 길에 있는 가장 높은 장애물을 극복한 셈이다. 미래를 생생하게 그리는 사람에게 현상태는 더 이상 모든 것의 기준이 아니게 되며, 변화의 장단점을 객관적으로 평가할 수 있게 된다.

파리 센 강변의 고속도로가 공원으로 변모하기 전, 그곳에서는 15년간 여름방학 동안에만 자동차가 사라졌다. 그 기간 동안 강변에는 수영장이 설치된 배들이 정박했고, 노 젓는 배와 피트니스 기구가 들어섰으며, 건설회사가 북해 해변에서 무료로 가져온 황금빛 모래가 차도를 덮었다. 1968년 파리 5월 혁명 당시의 슬로건을 인용해 인근의 한 지하철역은 임시로 '파리의 해변'이라 불렸다. 이런 시범기간이 끝나고 마지막 여름에 되찾은 강변은 파리 시민들에게 더는 파라다이스가 아니라 일상적인 쉼터가 되었다.

9장

착각7 이데올로기의 시대는 지났다

사람들은 왜 있지도 않은 것들을 볼까?[98] 솔로몬 아시는 폴란드에서 보낸 그의 어린 시절을 떠올리며, 1914년 일곱 살 때 자신의 유대인 가족들과 함께 유월절 축제를 즐겼던 이야기를 들려주었다. 유월전 전야에 할머니는 모든 친척들에게 와인을 따라주었고 한 잔 더 가득 와인을 따라 테이블 위에 올려놓았다. 아시가 "이건 누구 거예요"라고 묻자 삼촌이 대답했다. "엘리야 선지자의 것이야."

"선지자가 정말로 이걸 마셔요?"

"물론이지, 곧 보게 될 거야."

솔로몬은 기대에 차서 와인잔을 바라보았고, 정말로 잔 속 와인이 저절로 조금 줄어들었다고 확신했다.

독일군이 그의 나라를 침공하고 나치가 수백만의 유대인을 학살했을 때 아시 가족은 뉴욕으로 이민을 갔다. 아시는 그곳에서 사회심리학자가 되어 생계를 꾸렸다. 1951년 그는 획기적인 실험에 성공했다.[99] 이 실험은 사람들이 서로에게 어떻게 이데올로기를 전염시키는지, 그리고 이 이데올로기가 어떻게 현실 인식을 왜곡시키는지를 보여주었다. 그리고 아시가 어린 시절에 경험한 일도 설명해주었다.

아시의 실험은 선의 길이에 관한 것이었다. 실험 참가자들은 카드를 받았는데, 카드 위쪽에 기준선이 하나 있고 아래로 세 개의 선이 더 그려져 있었다. 아래의 세 선 중 하나는 위쪽의 기준선과 길이가 같고, 다른 하나는 위쪽 선보다 더 길고, 나머지 하나는 길이가 더 짧았다. 이 단순한 과제를 혼자서 마주했을 때 참가자 모두 올바른 답을 내놓았다.

그런 다음 아시는 참가자들을 그룹으로 묶었다. 각 그룹은 실제 실험 참가자 한 사람과 아시가 참가자 모르게 꾸린 일곱 명의 도우미들로 구성되어 있었다. 사전에 아시의 지시를 받은 도우미들은 확신에 찬 목소리로 틀린 대답을 말했다. 그들은 짧은 선을 길다고 했고, 긴 선을 짧다고 했다. 영문을 모르는 참가자들은 어떻게 했을까? 그들은 도우미들에게 동조했다. 먼젓번에는 망설이지 않고 눈에 보이는 대로 선들을 옳게 분류했던 참가자들은, 이제 손가락 두세 마디밖에 안 되는 선이 페이지를 거의 다 차지하는 선보다 더 길다고 말했다. 도우미들의 엉터리 답변에 저항하며 진실을 고수한 참가자는 네 명 중 한 명도 되지 않았다.

아시는 실험 참가자들의 반응에 대해 다수의 의견에서 벗어나는 일이 두렵기 때문이라고 설명했다. 인터뷰에서 참가자들은 도우미들이 아주 확신 있게 의견을 표명하는 통에 자신들의 지각을 의심하게 되었다고 밝혔다. 나머지 사람들이 틀렸다는 사실을 알았지만, 반대 의견을 말해 분위기를 망치고 싶지 않았다고 한 참가자들도 있었다. 심지어 일부 참가자들은 원래 자신이 좀 이상한 데가 있다고 생각했었다고 고백했다. 그런 상황에서 다른 사람들이 선의 길이를 자신과 다르게 평가하는 걸 보고는, 자기가 정말로 머리가 온전치 않다는 사실을 확인받는 기분이었다고 했다.

아시는 단순히 인간 행동의 특이함을 찾으려 했던 것만은 아니다. 그는 나치 시대 독일에서 일어났던 일을 이해하고자 했다. 나치의 명백한 거짓 선전 선동에 수백만의 독일인이 어떻게 넘어갈 수가 있었을까? 선량한 시민들조차도 그 누구의 털끝 하나 상하게 한 적이 없는 유대인 이웃들을 위험한 적으로 여겼다. 연합군의 폭격기가 진작에 그들의 도시를 파괴했음에도, 많은 사람들은 여전히 전 시대를 통틀어 가장 위대한 지휘관을 믿었고 최종 승리를 위해 견디었다. 독일인들의 현실감각은 대체 어디로 가버렸던 것일까?

탈진실 정치

독일어사전은 이데올로기를 다음과 같이 정의한다. "집단적 이해관계에 따른 사회적 관점 체계로 특정한 행동규범, 사고방식, 가치판단을 수반한다." 사회심리학자들은 이에 덧붙여 이데올로기적 사고는 두 가지 특징을 갖는다고 설명한다. 자신의 집단을 위해 편향된 판단을 하며, 사실에 모순되어도 신념을 고수한다는 것이다.[100]

아프가니스탄 밖에서 부르카를 뒤집어쓴 이슬람 여성을 본 사람이 있을까? 나는 베를린에 살면서 무슬림들이 많이 거주하는 지역들에 자주 가지만, 부르카를 쓴 사람은 본 적이 없다. 아주 드물게—두 달에 한 번 정도—눈만 내어놓고 니캅으로 입과 머리를 가린 여성을 볼 뿐, 온몸을 가리고 눈이 있는 부분조차 망사로 된 부르카를 착용한 여성은 한 번도 보지 못했다. 이것은 놀랄 일이 아니다. 이슬람 전문가들에 따르면 부르카를 착용하는 지역은 아프가니스탄과 일부 우즈베키스탄, 타지키스탄, 파키스탄 지역뿐이니 말이다.

그럼에도 2015년 시리아 전쟁으로 인해 난민들이 들어왔을 때 많은 독일인들은 부르카를 상당히 우려했고, 연방의회는 당시 대연정의 지지를 받아 소위 '부르카법'을 통과시켰다. 이 법은 독일의 공무원과 군인이 근무 중 얼굴을 가리는 일을 금지한다. 녹색당 의원이 의회 질의시간에 대체 이 법이 왜 필요하냐고 질문하자 내각은 "연방정부는 독일 내에 부르카를 착용하고 다니는 여성이 얼마나 되는지 알지 못한다"고 대답했다. 연방-주 내무장관 회의의 답변은 좀 더 명확했다. 독일 여성 공무원들 중 얼마나 많은 수가 얼굴을 가리고 직무를 수행하느냐는 바이에른 방송국의 질문에 "그런 사례는 알려져 있지 않다"라고 답했다. 그리하여 대체 무엇을 규제한다는 것인지 아무도 알지 못했음에도 2017년 7월 15일에 '특정 직군에서의 얼굴 가리기 금지법'이 발효되었다.

이 탈진실적인 입법을 이해하기 위해서는 여론조사를 살펴보는 일이 도움된다. 2015년 베텔스만재단이 발표한 조사에 따르면, 독일에 거주하는 비무슬림 응답자의 57퍼센트가 "이슬람은 위험하다"라는 발언에 동의를 표했다. 응답자들은 이슬람인들이 위협적일 뿐 아니라, 그들에게 둘러싸여 있다고도 느꼈다. 2016년 여론조사기관 입소스Ipsos가 독일인들에게 같은 지역에 사는 주민 중에서 무슬림이 얼마나 된다고 생각하는지를 묻자, 평균 21퍼센트라는 답변이 나왔다. 그렇다면 실제로 독일에는 얼마나 많은 무슬림들이 살고 있을까? 이슬람 인구는 기독교 인구처럼 공식적으로 등록되어 있지 않아 누구를 '무슬림'으로 볼지에 따라 통계가 달라진다. 가장 신빙성 있다고 생각되는 2020년 독일 연방이민청의 추정치에 따르면 독일 내 무슬림 인

구 비율은 6.4~6.7퍼센트이다.[101]

바이에른 헌법 수호청 같은 보수적인 정보기관들조차 유럽이 타 종교의 지배적 영향력에 맞서 싸워야 한다는 생각은 하나의 이데올로기라고 설명한다. 유럽이 스스로를 보호하기 위해 다른 문화권 출신들을 가능한 적게 받아들여야 하며, 이미 이주한 사람들을 이곳에 동화시켜야 한다는 요구는 결국 이데올로기적 사고의 모든 기준을 충족한다. 그렇게 주장하는 사람은 한편으로는 자기 집단의 편을 드는 것이다. 하지만 다른 한편으로 그들은 자국에 외국인이 과도하게 많이 유입되고 있다는 주장을 입증하지 못한다. 무슬림은 기껏해야 전체 인구의 약 7퍼센트에 불과하기 때문이다.

이민에 대한 거부감은 대부분 개인적 경험에 토대하지 않는다. 흥미롭게도 주변에 무슬림이나 다른 지역 출신의 이민자가 적은 사람일수록, 이민자들에 대해 회의적으로 생각한다는 사실이 드러났다.[102] 공포감이 가장 큰 소리로 표명되는 지역이 이민자가 가장 적은 지역인 셈이다. 그러니 이익에 부합하는 호소조차 별 효과가 없다는 사실은 놀랄 일이 아니다. 부르카를 착용한 여성들이 공동생활을 위협한다고 확신하는 사람은, 이민자들이 제공하는 노동력이 아니면 독일이 제대로 굴러가지 않았으리라는 사실을 환기시켜도 꿈쩍하지 않는다. 또한 독일이 지금의 복지수준을 유지하려면 매년 최소한 50만 명의 이민자가 필요하다는 경제학자들의 예측을 제시해도 소용없다.[103] 사람들의 우려는 다른 곳을 향한다. 2024년 한 설문조사에서 응답자의 53퍼센트가 "너무 많은 사람들이 독일로 온다"며 커다란 우려를 표명했다. 61퍼센트는 "독일에서 이슬람의 영향력이 너무 커지고 있다"라는 명제에 동의했다.[104]

머릿속의 위조 공장

토크쇼나 신문 칼럼에서는 이 같은 두려움을 설명해준다. 논평가들은 독일인들이 세계화를 낯설어하고 고유한 문화를 잃을까 봐 두려워한다고 주장한다. 틱톡 같은 것들이 악마적 정교함으로 혐오와 거짓을 퍼뜨리고 있다고도 한다. 이 모든 설명은 맞을 수도 있다. 하지만 본질적인 질문을 비켜간다. 사람들은 왜 그토록 쉽게 이데올로기에 혹하는가? 어찌하여—본인은 한 사람의 무슬림도 알지 못하면서—독일 인구 다섯 중 하나가 무슬림이라고 확신하게 되는가?

아시의 실험은 그 왜곡에 대해 설명해준다. 사람들이 긴 선과 짧은 선을 스스로 보면서도 자신의 판단을 신뢰하는 대신 다수의 의견을 좇는다면, 그들은 다른 일에서도 다수의 의견에 휩쓸릴 확률이 크다. 따라서 베일을 쓴 여자들 무리가 독일의 평화를 위협한다는 말을 종종 듣는 사람은 주변에 그런 여자들이 보이지 않아도 저절로 그렇게 생각하게 된다. 아시는 실험 참가자들이 사실은 뭔가 이상하다는 점을 알고 있었음에도, 갈등을 피하기 위해 조심스레 지배적 의견에 동조했으리라고 추측했다. 그는 참가자들이 자신이 본 것과 답으로 제시한 것 사이에서 인지부조화 상태에 있었다고 보았다.

그러나 유감스럽게도 솔로몬 아시는 너무 낙관적이었다. 2005년 신경과학자들은 21세기의 최신 기술을 동원해 아시의 실험을 반복했다. 애틀랜타 소재 에머리대학교의 그레고리 번스 팀은 참가자들이 자기공명영상MRI 검사를 받으며 판단을 내리도록 했고, 그들의 뇌활동을 측정했다. 이번 실험에서 참가자들은 선의 길이 대신에 도형을 구분해야 했다. 역시나 공모자들은 터무니없는 답변을 내놓았고, 참가자들은 다시금 지배적인 의견에 동조했다.

놀라운 것은 실험 참가자들의 머릿속에서 일어난 일이었다. MRI 측정 결과 거짓말이나 모순을 처리하는 데 관여하는 신호들이 전혀 확인되지 않았다. 이를 어떻게 설명할 수 있을까? 자신의 눈으로 본 것과 주변 사람들이 주장하는 것 사이에서의 갈등이 양심을 담당하는 뇌 영역에 도달조차 하지 않았다는 뜻이다. 뇌는 아주 일찌감치 무의식 단계에서 모순을 걸러낸 것일까? 측정 결과 공모자들이 명백한 오답으로 참가자를 헷갈리게 하자마자 공간지각을 담당하는 뇌 영역들의 활성도가 굉장히 높아진 것으로 나타났다. 눈으로 들어온 로데이터raw data가 공간지각을 처리하는 뇌 영역에서 상당히 오래—그 지각이 다른 사람들이 주장하는 지각과 일치되기까지—처리되었던 것이 틀림없었다. 그러므로 아무도 거짓말을 할 필요가 없었다! 아무도 인지부조화에 시달리지 않았다. 참가자들은 도형들을 있는 그대로 지각한 것이 아니었다. 그들은 도형들을 그들이 지각해야 하는 당위에 따라 지각했다.

뇌는 위조 공장이라 할 수 있다. 착시현상에서처럼 다른 사람들의 의견도 우리로 하여금 존재하지 않는 현실을 지각하게 한다. 이것이 바로 아시 실험의 으스스한 결론이다. 모두가 부르카에 대해 말하면 우리는 부르카를 보게 되는 것이다.

텔레비전 시사 프로그램 〈모니터〉의 편집부가 독일 주요 토크쇼들이 주로 어떤 주제를 다루는지 집계한 적이 있다. 가령 2016년에는 대다수의 토크쇼가 이민 문제를 다룬 것으로 나타났다. ARD와 ZDF의 토크쇼 중 무려 54퍼센트가 난민, 이슬람, 테러, 우익 포퓰리즘을 주제로 진행되었다. 방송에서는 매주 얼굴을 가린 사람들과 이들에 반대해 시위를 벌이는 시민들을 번갈아 보여준 뒤 범죄학자, 정치인, 페미니스트들이 얼굴을 가린 사람들에 대해 논쟁했다. 그 뒤 많은 시청자들은 자기들이 사는 도시에서도 얼굴을 가린 여성들을 보았다고 확신하게 되었을 것이다. 일부러 거짓말을 하려는 의도 없이 자연스레 그렇게 말하게 되었을 것이다. 독일의 거리 어디에도 부르카를 입고 다니는 여성이 없다 해도 말이다.

남의 말을 그대로 믿는 이유

원숭이는 흉내를 낸다고들 한다. 반면 호모사피엔스는 비판의식을 지녔다고 한다. 하지만 인간의 사회적 이성을 침팬지와 비교한 새로운 실험들은 이런 통념에 몇몇 의문을 제기한다. 실험의 결과들은 우리가 어찌하여 있는 그대로를 지각하지 않고, 동료 인간들이 말해주는 대로 지각하는지를 설명해준다.

2007년 스코틀랜드 세인트앤드루스대학교의 학자들은 한 매력적인 실험에서, 유치원에 다니는 아이들과 침팬지들에게 동일한 과제를 해결하게 했다. 과일이 든 금고를 여는 일이었다. 금고에는 여러 개의 손잡이와 자물쇠가 달려 있었지만, 그중 하나 외에는 다 쓸모없는 것들이었다. 실험을 주재한 학자는 어떻게 금고를 여는지 아주 복잡한 순서로 된 방법을 시연했고, 아이들과 침팬지들로 하여금 방금 전에 본 방법을 따라 금고를 열도록 했다. 침팬지들은 어느 순간 손잡이 하나만 누르면 금고문이 열린다는 사실을 발견하고는 다른 순서들은 건너

뛰었다. 반면 아이들은 손잡이 하나로 간단히 금고가 열리는 모습을 보았음에도 주재자가 선보인 복잡한 방법을 고집스럽게 고수했다.

실험을 진행한 스코틀랜드의 심리학자들은 이 고집스런 행동을 '과잉 모방'이라고 불렀다. 아이들만 이런 행동을 하는 것이 아니다. 어른들은 더 고집스럽게 자신들이 관찰한 터무니없는 행동을 따라 한다는 사실이 실험으로 증명되었다. 극도의 동조 경향은 일부 문화권에 국한된 현상이 아니다. 남아프리카에서 수렵·채집생활을 하며 오늘날까지도 석기시대와 비슷한 생활을 하는 사람들도 제시받은 대로 강박적인 모방을 한다. 이 모든 것이 인간은 타고난 모방본능이 굉장히 강하다는 사실을 보여준다.

우리에게 어떤 특성이 유전적으로 프로그램돼 있다면, 진화적 관점에서 그것을 이해해보는 편이 좋다. 인간이 타인에게서 본 그대로를 따라 하려는 경향이 다른 모든 동물보다 더 강한 이유가 분명 있을 것이다. 하버드대학교의 인류학자 조지프 헨릭은 우리 종의 성공을 모방 행동 덕분으로 설명한다.[105] 우리 뇌가 동료 인간들의 말과 행동을 스펀지처럼 빨아들이기 때문에 비로소 문화가 생겨날 수 있었다는 주장이다. 우리가 침팬지들처럼 모방에 회의적이었다면 불이나 문자, 휴대전화 사용법을 결코 배우지 못했을 것이다. 문화적 능력들을 학습하려면 의미를 이해하지 못해도 일단 익숙한 습관으로 만들어야 하기 때문이다.

문화는 삶을 복잡하게 만든다. 모든 것을 일일이 의심하는 사람은 위험에 빠진다. 헨릭은 남미에서 카사바를 어떻게 가공해 먹는지를 예로 든다. 예로부터 남미 사람들이 재배해온 카사바는 청산을 함유하고 있어, 반드시 독을 제거하고 섭취해야 한다. 그래서 아마존 저지대에 거주하는 여인들은 카사바의 껍질을 벗긴 후 강판으로 갈아 물에 담갔다가 여러 번 끓여 청산이 모조리 사라지도록 한다. 여인들은 주어진 시간의 거의 4분의 1을 이 작업을 하는 데 쓴다. 그들은 왜 그렇게 하는지 알지 못한다. 그저 어머니와 할머니들이 가르쳐준 대로 할 뿐이다. 모두가 그렇게 하고 있기에 카사바를 다루는 어떤 여성도 청산에 중독되지 않는다.

그들이 침팬지와 비슷했다면, 카사바에서 쓴맛을 제거하는 정도로만 간단히 끓여서 먹었을 것이다. 하지만 그렇게 해서는 청산이 카사바에 남아 있게 되어, 그것을 먹은 사람은 서서히 청산에 중독된다. 첫 증상은 종종 수년이 지난 뒤에야 나타난다. 몸이 쇠약해진다든지, 마비된다든지, 아이들에게 발달장애가 나타난다든지 말이다. 하지만 남미 여성들은 과잉 모방 경향을 지니고 태어났기에, 별 생각 없이 어른들이 가르쳐준 대로 했고 이 과잉 모방이 그들의 생명을 살렸다. 덕분에 카사바는 남미인들에게 중요한 영양원으로 자리잡을 수 있었다. 모방과 쉽게 믿는 경향은 번식의 성공으로 이어진다.

과잉 모방은 우리가 불합리해 보이는 것도 받아들일 준비가 되어 있을 때만 작동한다. 무턱대고 믿는 능력이 없었다면 인류는 결코 문화를 배출하지 못했을 것이다. 그리고 머릿속에 한번 심겨진 것은 세대를 거쳐 전달된다. 진화는 진실을 묻지 않는다. 생존 가능성이 진화의 화폐다. 우리 조상들에게는 비판적인 것보다 단순하고 귀가 얇은 것이 훨씬 더 유용했다.

왜 사람들은 이데올로기에 혹하는가?

이데올로기는 모든 문명의 그늘이다. 그럼에도 사람들은 정도는 다르지만 확고한 위계질서나 전지전능한 신, 통제되지 않은 시장의 축복이나 사회주의 낙원, 지도자의 선의, 혹은 자기 민족의 독보성 등을 믿는 경향이 있다. 그렇다면 누군가가 이데올로기에 경도될지 그렇지 않을지는 무엇에 좌우될까?

2016년 이런 질문에 부분적으로 답을 해주는 두 개의 대규모 실험이—의도도 하지 않았는데—이루어졌다. 그해 6월 23일, 영국 유권자들은 유럽연합 탈퇴에 찬성표를 던졌다. 이런 결정은 이데올로기적 성격이 강했다. 영국의 브렉시트 지지자들은 대영제국의 옛 영광을 되찾겠다고 큰소리를 쳤지만, 유럽연합에서의 탈퇴가 어떻게 잉글랜드, 스코틀랜드, 웨일스, 북아일랜드 주민들의 삶을 개선할 수 있는지 설명하지 못했다. 거의 모든 전문가들이 탈퇴를 반대했고, 부인할 수 없는 사실들을 언급하며 깊은 우려를 표했다. 브렉시트가 국가의 안정성과 국민들의 복지를 심각하게 위협하리라고 염려했다. 그럼에도 국민투표 결과 근소한 표 차이로 탈퇴가 결정되었다.

같은 해 11월, 미국 국민들은 전 세계인의 고개를 갸우뚱하게 만든 선택을 했다. 어떻게 개인적으로, 그리고 회사 경영을 통해 그 시점에 이미 3500건 정도의 소송에 연루된 사람을 자신의 나라를 책임질 대통령으로 선출할 수 있었을까. 브렉시트를 주도한 사람들처럼 도널드 트럼프도 스스로 변화의 방패막이를 자청했다. 그의 지도하에 미국은 다시 위대해지리라고 공언했으며 모든 것이 전과 같아질 거라고, 다만 더 좋아질 거라고 목소리를 높였다.

저널리스트들과 정치학자들은 보통 어떤 정치적 입장을 갖게 되는 원인을 삶의 상황에서 찾으려 한다. 북잉글랜드의 옛 탄광 지역에서는 브렉시트에 찬성한 시민들의 수가 눈에 띄게 많았다. 그리고 도널드 트럼프를 미국 대통령으로 만든 선거는 '힐빌리Hillbilly'라는 말을 유럽까지 널리 알렸다. 힐빌리는 미국 농촌 지역에 거주하는 저소득층 백인 남성을 일컫는 미국의 속

어인데, 트럼프가 그의 언변으로 시골 지역에 사는 가난한 백인 남성들의 마음을 어루만졌다는 것이다.

하지만 이런 단순한 설명은 사실을 전부 담기에는 역부족이다. 북잉글랜드에서도 거의 전역에서 40퍼센트 이상의 시민들이 브렉시트에 반대표를 던졌다. 브렉시트에 찬성한 주민들 중 다수는 오히려 부유한 남잉글랜드에 거주하는 사람들이었지, 실망한 노동자들이 아니었다. 브렉시트 찬성표 중 중산층에서 나온 표가 60퍼센트에 육박했다.[106]

트럼프에게 표를 던진 유권자들 중에서도 평균보다 높은 소득을 올리는 유권자들의 비율이 높았다. 성폭행과 성추행 혐의로 10여 번 넘게 고발당한 뉴욕의 부동산 개발업자 트럼프에게 여성 유권자의 40퍼센트가 표를 던졌다.[107] 이런 사실은 중범죄에서 유죄판결을 받았음에도 트럼프가 2024년 대통령으로 재선에 성공했을 때 확인되었다.[108] 트럼프가 저소득층 유권자들의 표를 얻는 데 성공하긴 했지만, 트럼프를 지지한 유권자의 다수는 여전히 평균 이상의 고소득층이었다. 더욱이 2016년과 비교해 대도시 근교의 부유한 지역들에서 대거 약진했으므로, 그가 가난한 시골 지역을 대변하는 후보자라고는 더 이상 말할 수 없게 되었다. 여성 유권자들도 그 어느 때보다 트럼프에게 호감을 보여, 재선에서 트럼프에게 표를 던진 여성 유권자 비율이 46퍼센트에 이르렀다. 백인 여성 유권자들 중에서는 심지어

과반수가 트럼프를 지지했다.

하지만 왜일까? 테오도어 W. 아도르노의 견해에 따르면 누군가는 장밋빛 약속에 면역을 보이는 반면 누군가는 고집스럽게 그 세계관을 붙잡고 사는 데에는, 경제적 요인 외에 개인적 이유들도 작용한다. 아도르노는 아직 나치 정권의 그림자에서 벗어나지 못했던 시기인 1950년에 발표한《권위주의적 성격 연구》라는 저작에서 "이데올로기는 서로 다른 사람에게 서로 다른 매력을 행사한다"라고 적었다.[109] 나중의 연구들이 그가 옳았음을 입증해주었다.

더 나아가 40년간 5개국에서 시행된, 1만 2000쌍의 쌍둥이들을 대상으로 한 연구는 특정 정치 성향은 타고난다는 결론을 내렸다. 일란성쌍둥이들은 모습만 헷갈릴 정도로 비슷한 것이 아니라, 세상에 대한 관점도 보통 남매들보다 더 비슷한 것으로 나타났다. 반면 이란성쌍둥이들에게서는 그런 효과가 확인되지 않았다. 쌍둥이들은 모두 같은 가족에서 자랐고 보통은 같은 학교를 다녔다. 그러므로 세계관이 유사한 이유가 환경보다는 일란성쌍둥이의 공통 유전자 때문이 틀림없다. 물론 일란성쌍둥이들 역시 때때로 정치 문제를 놓고 의견 충돌을 빚기도 하지만 다른 남매들보다는 그 빈도가 훨씬 드물다. 그리하여 연구들은 이데올로기적 입장의 약 50퍼센트가 물려받은 유전적 소질에 기인한다고 평가한다.[110]

이데올로기 테스트

케임브리지대학교의 신경과학자 레오르 즈미그로드는 영국 브렉시트 국민투표와 미국 대선을 둘러싼 격앙된 분위기를 이용해 누가 이데올로기에 취약한지를 연구했다.[111] 그녀는 대서양 이편과 저편에 사는 주민들 수백 명을 표본집단으로 하여 일련의 심리테스트들을 진행했다. 즈미그로드의 연구 중 하나에서 참가자들은 22가지 성격검사와 37가지 인지 및 사고 과제들을 수행해야 했다. 이를 바탕으로 성격 프로필이 작성되고, 반응속도가 측정되고, 사고의 유연성이 테스트되었다. 또한 참가자들이 평소 불확실성에 대해 어떤 태도를 보이는지, 습관은 어떠한지도 질문했다. 참가자들은 예상하지 못했던 상황이 닥쳤을 때 스트레스를 받는지 아니면 즐거운 긴장감을 느끼는지를 말했고, 늘 루틴대로 살아가는 일에 안정감을 느끼는지 아니면 지루함을 느끼는지도 이야기했다. 질문 중 그 어느 것도 정치와 무관해 보였다.

두 번째 단계에서 즈미그로드 팀은 약간 뜬금 없게도 참가자들에게 어느 쪽에 투표할 예정인지, 그리고 평소 가져왔던 세계관은 어떠한지를 물었다. 응답자들이 어느 정당을 지지하는지 민족주의 시각이나 이민, 권위에 대해서는 어떻게 생각하는지를 말이다. 그러자 놀라운 연관이 발견되었다. 연구팀이 진행했던 심리실험 중 하나는 단순한 카드게임이었는데, 규칙이 예고 없이 자꾸만 바뀌었다. 이 실험은 사람들이 새로운 상황에 얼마나 잘 적응할 수 있는지를 보여주었다. 또 다른 심리테스트는 창의력을 검사하는 것이었는데, 젤리-말-씨앗 같은 세 단어와 결합해 의미 있는 합성어를 만드는 단어를 찾기 위해 연상력을 발휘해야 했다.[112]

이 두 실험을 힘겨워한 사람들은 일반적으로 독단적인 경향을 보였다. 마치 경직된 세계관에서 꺼내온 답변들로 자기 사고의 느림을 상쇄하려는 듯이 말이다. 이런 효과는 우파 이데올로기와 좌파 이데올로기의 신봉자들 모두에게서 나타났지만, 전체적으로 볼 때 차이가 있었다. 전반적으로 보수적인 사람들은 정치적으로 좌파를 지향하는 사람들보다 정신적으로 그리 유연하지 못한 것으로 나타났으며 특히 연상테스트를 힘들어했다. 그들은 틀림없이 더 좁은 틀 안에서 사고하는 듯했다. 반면 자꾸만 규칙이 바뀌는 카드게임에서 안 좋은 점수를 받은 사람은 눈에 띄게 자주 권위에 대한 호감을 표했다. 그리고 일상의 루틴을 중요시한다고 분명히 밝힌 응답자일수록, 일반적으로 권위주의적이고 보수적일 뿐 아니라 민족주의적인 태도를 보이는 경우가 많았다. 이와 연장선상에서 트럼프 지지자들 역시 그들이 잘 아는 과거를 되찾고 싶다고 말했고, 여론조사에서 이들 중 60퍼센트 이상이 미국은 과거에 전성기를 누렸다는 주장

에 동의를 표한 것으로 나타났다.[113]

심지어 별것 아닌 점무늬 패턴을 분류하는 지각 테스트로도 정치적 성향을 예측하는 일이 가능했다. 평균치보다 몇 밀리초 정도 느리게 반응하는 사람들은 대개 독단주의 경향이 있었다. 명확히 알아볼 수 있는 패턴에서만 판단을 내리고, 그 밖에는 유보적인 태도를 취한 사람들은 보수적인 경향이 있었다. 불분명한 패턴에서도 판단을 내렸으나, 그 속도가 다분히 느렸던 사람은 종종 권위적인 사고를 하는 것이 눈에 띄었다.[114]

종합적으로 볼 때 뇌과학에 기반한 테스트들은 성별이나 나이, 소득, 피부색, 거주지역 같은 일반적인 요인들보다 다섯 배나 정확하게 누가 브렉시트를 지지했는지, 혹은 트럼프 지지자들이 특유의 세계관을 가지고 있는지를 예측한 것으로 나타났다.[115] 지각과 사고의 기본 메커니즘이 우리의 신념에 얼마나 깊은 영향을 미치는지가 인상적으로 입증된 셈이다.

두려움은 우리를 보수적으로 만든다

변화를 꺼리고 이데올로기에 물들기 쉬운 성향은 뇌 속 깊숙이 자리잡고 있다. 민주주의 사회에서는 상식이 통하리라고 생각하는 모든 이들에게 가슴 서늘한 소식이다. 우리의 행동을 결정하는 세계관은 논리적인 근거를 따르지 않는다. 어떤 세계관에 끌리는가 하는 문제는 뉴런의 데이터처리의 경제성에 기초한다. 인지적 유연성이 중요하다. 새로운 것에 적응하기 어려운 사람일수록 자신의 견해를 의심할 줄 모른다.

그렇다면 정신적 유연성을 훈련하면 되지 않을까? 하지만 연구 결과는 회의적이다. 물론 인지적으로 유연성이 떨어지는 사람들도 특정 문제에 대한 해결 전략은 배울 수 있다. 하지만 배운 바를 새롭고 낯선 상황에 적용하는 일은 잘하지 못한다.[116] 결국 이런 사람들은 언제나 가능하면 친숙한 것을 찾기 마련이고, 한번 갖게 된 신념을 좀처럼 바꾸지 않는다.

환경 때문에 이데올로기에 더 끌리게 되는 경우도 많다. 위험을 감지하거나 위험을 두려워하기만 해도, 사람은 안정감을 주는 세계관에 쉽게 이끌린다. 스트레스를 받은 뇌는 자동적으로 생존 모드로 전환되는데, 그럼 신속히 판단하려 하고 쓸데없는 생각의 낭비를 최소화한다.[117] 전 세계 5개 대륙 6만 명 이상이 참여한 연구에서도 이런 효과가 확인되었다.[118] 독일이든 미국이든 이스라엘이든 러시아든 파키스탄이든 가나든 폭력, 전쟁, 테러를 겪은 시민들은 권위주의적 리더십에 순응할 준비가 되어 있었다. 뿐만 아니라 빈부 격차를 정당화하고, 낙태와 동성애를 비난하며, 남성들이 여성들보다 더 좋은 일자리를 가질 권리가 있다는 주장에 동의하는 경향을 보였다.[119]

마지막으로 세계관은 지각의 내용과 메커니즘을 조작하면서 확산될 수도 있다. 사람들이 다음과 같은 말들로 시작하는 텍스트를 읽는 것으로 충분하다. "나는 비밀조직이 우리가 알지 못하는 방식으로 시민들의 삶을 조종할까 봐 우려스럽다. 우리 사회에서 벌어지는 많은 일들이 이런 조종에서 비롯되지 않을까 걱정이 된다…." 실험 결과 이런 터무니없는 말을 믿지 않는 참가자들이라 하여도, 이 글을 읽고 난 다음에는 얼룩 그림 속에서 이런저런 형상을 분간해냈고 일상적 사건 뒤에 음모론이 도사리고 있다고 여겼다.[120] 앞의 불길한 문장들이 패턴인식을 촉진했던 것이다. 이런 지각 과정이 일단 작동되기 시작하면 실제로는 관련이 없는 것들도 연관시키는 경향이 생겨난다. 그리하여 편집증적 사고가 점점 더 강화된다.

세계관은 뇌가 작동하는 방식도 규정한다.[121] 한나 아렌트가 파시즘에 대해 한 말은 모든 형태의 이데올로기적 사고에 해당된다. 파시즘적 사고방식은 "외부세계의 변화가 아닌 (…) 인간 본성의 변형을 목표로 한다."[122]

경직된 사고를 깨는 법

이데올로기는 감기와 같다. 다만 더 위험할 뿐이다. 둘 다 전염된다. 바이러스도, 이데올로기도 세상에서 없앨 수는 없다. 하지만 그것들에 감염될지 말지는 우리 손에 달려 있다.

미국 경제학자 브라이언 캐플런Bryan Caplan은 경직된 사고를 깨기 위한 꽤 재미있는 훈련을 고안했다.[123] 그것은 놀이처럼 역할을 바꾸는 연습이다. 자, 이념적 적대자의 입장이 되어서 자기 생각과 상반되는 의견을 정리한 다음, 자신이 정말로 이런 의견을 진실로 여기는 듯 누군가에게 제시해보라. 상대가 당신이 지금 연기하고 있을 뿐임을 알아차리지 못한다면 당신은 이긴 것이다. 이 역할놀이는 인공지능을 대상으로 한 유명 테스트에서 착안한 훈련이다. 컴퓨터가 처음 나왔을 때 영국 수학자 앨런 튜링은 이런 주장을 했다. 사람들이 컴퓨터의 답변임을 알아채지 못할 정도로 답할 수 있다면, 컴퓨터가 인간의 사고능력에 도달했다고 볼 수 있다고 말이다. 그리하여 브라이언 캐플런은 앞에서 소개한 연습을 '이념적 튜링 테스트'라 부른다.

당신이 수년 전부터 난민 지원활동을 하고 있다면, 시험 삼아 유럽이 왜 더 이상 낯선 문화권 사람들을 받아들일 수 없는지를 논증해보라. 반대로 전 독일 내무부 장관의 말처럼 "이민자를 받아들이는 것이 모든 문제의 어머니"라고 믿는 사람이라면, 자신에게 숨겨진 인도주의적 면모를 일깨워 불가피하게 어려움에 빠진 사람들에게 피난처가 되어주는 것이 경제적으로 풍요로운 나라의 도덕적 의무이자 마땅히 해야 할 바가 아니겠느냐고 논증해보라(원한다면, 이 과제를 당신의 지적 역량을 보여주는 과제로 여기라. '서로 상반되는 두 가지 생각을 동시에 머릿속에 담고도, 무리 없이 살아갈 수 있는 능력이 바로 최고 수준의 지성을 가진 증거다').[124]

원래는 반감을 갖던 주장을 신뢰가 느껴지게, 전혀 싫은 기색 없이 피력할 수 있다면, 테스트에 통과한 것이다. 자신의 실제 신념을 포기하거나 상대방의 비위에 맞추라는 뜻이 아니다. 이 테스트의 목적은 당신이 낯선 견해를 어떻게 다루는지를 경험하는 데 있다. 다른 입장을 잘 이해하게 되어서 그 입장의 정당성을 인정하고 대변할 수 있는가? 아니면 당신의 입장과 크게 다른 의견을 편협하고 이기적이고 멍청한 소리라고 느끼는가? 그렇게 느끼는 경우, 당신은 이데올로기적 사고를 하고 있을 확률이 크다. 그런 감정은 낯선 관점과 마주해야 하는 수고를 덜게 해준다. 물론 이민자들의 유입을 싫어하는 사람 중에 정말로 이기적이고 편협한 사람들도 있을 것이다. 반대로 이민자들 편에서 일하는 활동가들 중에도 그저 자신을 돋보이려고 다른 사람을 돕는 위선자도 분명 있을 것이다. 하지만 그들이 자신의 행동을 그런 식으로 설명할까? 그러므로 당신이 색안경을 끼고 그들을 본다면 그것은 그의 세계관이 아니라, 당신의 세계관에 맞는 추측일 뿐이다. 그리고 당신이 상대의 입장이 되어보려 하지 않는 한, 그들을 설득하는 일은 불가능하다.

3부

저항에 저항하는 법

10장
관성에서 해방되는 길

그럼에도 시대는 변한다. 정말 변화하는지 의심스럽다면 오래된 영화 몇 편을 보면 좋을 테다. 스릴러든 코미디든 서부극이든 장르를 가리지 않고, 늘 등장하는 장면이 있을 것이다. 바로 담배 연기가 자욱한 장면 말이다. 숀 코네리는 카지노에서 담배에 불을 붙인 뒤 "본드. 제임스 본드"라고 자신을 소개한다. 007은 그렇게 영화사에 등장했다. 〈석양의 무법자〉에서 클린트 이스트우드는 늘 시가를 입에 문 채 적들을 쓰러뜨린다. 한번은 폭격을 당해 폐허가 된 집에서 부상으로 죽어가는 병사를 발견하고는 그의 입술 사이에 시가를 물려준다. 이어 신파조의 음악이 흐르며 그 병사는 마지막으로 니코틴을 흡입하고는 영면에 든다. 진 시버그와 장폴 벨몽도는 연신 담배 연기를 뿜으며 파리 경찰을 피해 도망다닌다. 장뤼크 고다르 감독은 이 데뷔작에 의미심장하게 '숨이 턱까지 차서Breathless'라는 제목(한국어판 제목은 '네 멋대로 해라'이다 – 옮긴이)을 붙였다. 〈펄프 픽션〉의 우마 서먼도 그 유명한 춤 장면을 선보이기 전에 담배를 피운다.

할리우드는 결코 비현실적이지 않았다. 과거엔 어디서나 늘 그렇게 흡연이 이루어졌다. 사무실, 회의실, 대학 강의실은 담배 연기로 자욱했다. 비행기에도 흡연구역이 마련되어 있어 그곳으로부터 기내 전체로 연기가 퍼져나갔다. 독일에서는 2007년까지만 해도 병원에서도 흡연이 허용되었다. 종종 진료하는 의사가 입에 담배를 물고 있기도 했다. 아무도 이런 상황을 불편해하지 않았다. 담배는 그냥 삶에 속한 것이었다.

남의 집을 방문한 손님이 곧장 재떨이를 찾거나, 주인이 손님을 맞자마자 담배 한 대를 권하는 일이 다반사였다. 주인이 담배를 권하면 거절하지 말아야 한다고 옛날 에티켓 가이드북은 조언한다. "주인이 담배를 권하면 공손하게 감사를 표하며 담배를 받아 들고 곧장 불을 붙인다."[1] 1956년에 나온《직장예절과 일상예절 ABC》는 단 하나의 예외만을 허용했다. 그 책에는 "그러나 당신이 훌륭한 운동선수로서 비흡연자라면 사교적인 자리에서 억지로 담배를 피울 필요는 없다"라고 되어 있다. 하지만 주인의 입장에서는 그런 것까지 고려할 필요는 없다면서 "오늘날에는 젊은 사람들조차 '고맙습니다. 하지만 전 담배를 피우지 않아서요!'라며 담배를 거절하는 경우가 드물다"고 했다.

그때는 그랬다. 1950년대 초 독일에서는 14세 이상 남성의 88퍼센트, 여성의 21퍼센트가 담배를 피웠다.[2] 여기서 '담배를 피운다'는 것은 거의 쉬지 않고 담배를 입에 문다는 뜻이다. 한 사람당 담배 평균 소비량은 하루 한 갑이었고 대부분의 흡연자들이 줄담배를 피워댔다. 오늘날에는 흡연자가 정말 많이 줄어 남성의 22퍼센트, 여성의 15퍼센트 정도로 흡연률이 떨어졌다.[3] 일인당 평균 소비량도 수년 전 이래로 계속 하락세다. 저녁에 술집에서 나온 뒤 옷이 담배 냄새로 절어 있고, 키스할 때 재떨이 핥는 맛이 나던 시절을 그리워하는 사람이 있을까?

담배와 결별하다

오늘날 생태학적 위기, 인구구조의 변화, 디지털화는 사람들에게 습관을 바꾸기를 요구하고 있다. 하지만 금연은 흡연자들에게 훨씬 더 많은 것을 요구했다. 흡연은 그저 담뱃불을 붙인 뒤 몇 분간 고양된 기분을 맛보고 지루함을 몰아내는 일이 아니다. 니코틴은 가장 강력한 중독물질 중 하나로, 흡연자의 뇌에 영향을 미친다. 그래서 담배를 오래 피우다가 끊으면 거의 언제나 신체적 금단증상과 여러 정서적 불안증상이 나타나며, 계속 다시 흡연하고 싶은 유혹과 싸워야 한다. 마크 트웨인은 이렇게 빈정대었다. “담배를 끊는 거? 그거 아주 쉬워. 내가 잘 알지. 벌써 백 번은 끊어봤거든.”

개인적으로 중독에서 벗어나려는 사람은 자신의 생물학적 특성과 싸우는 것이고, 담배를 사회에서 몰아내고자 하는 사람은 담배 회사를 적으로 삼는 것이다. 담배 산업은 자신들의 이윤을 지키기 위해 수단과 방법을 가리지 않는다. 미 보건부가 작성한 자료에는 담배 회사들이 사용했었고, 지금까지 사용하는 다양한 전략들이 담겨 있다. 전통적인 로비활동부터 호의적인 정치인들과 우호적인 과학자들에 대한 금전적 지원, 비판자들에 대한 노골적 위협, 광고 캠페인, 니코틴과 타르의 유해성 논란을 잠재우기 위한 연구소 설립, 흡연의 자유를 외치는 캠페인 조직, 넉넉한 기부활동을 통한 이미지 개선 등 대중을 조작하기 위한 온갖 전략이 실제 사례와 함께 나열된다.[4]

세계의 담배시장을 지배하는 네 기업은 흡연자들이 중독상태로 남고 젊은이들이 새롭게 흡연자가 되도록, 지금도 어마어마한 돈을 쏟아붓고 있다. 이런 조치들은 나중에 에너지 관련 기업들이 화석연료와의 결별을 막거나 지연시키기 위해 사용했던 전략들과 놀랍도록 유사하다. 기후변화의 위험성에 대한 인식이 대두된 1980년대에 쉘, 사우디아람코, 엑슨모빌은 어떻게 하면 시급한 변화를 막을 수 있을지 오래전부터 알고 있었다. 그들은 담배 산업의 전략을 연구했고 본보기로 삼았다.

하지만 사회가 흡연으로부터 돌아서는 데에는 한 세대도 채 걸리지 않았다. 전 세계적으로 수억 명의 여성들과 남성들이 중독에서 벗어났다. 이렇게 많은 사람들이 이토록 짧은 시간에 행동을 교정한 것은 정말 전례 없는 일이다. 비흡연자들도 생각을 바꾸었다. 사회 전반적으로 건강에 대한 새로운 인식이 자리잡았고 새로운 예의범절이 정착되었다. 엄청난 저항에도 불구하고 어떻게 이런 변화가 가능했을까?

여성에게 담배를 물게 하라

사람들에게 영향을 미치는 일은 처음부터 담배 산업의 핵심 전략이었다. 누가 처음부터 목이 따가운 걸 감수하고 니코틴을 흡입하려 하겠는가. 이건 자연스런 욕구가 아니다. 그래서 담배 회사들은 그들의 고객을 만들어내야 했다. 담배의 성공담은 아무것도 없는 데서 어떻게 욕구와 습관이 만들어지고, 그 습관이 당연하고 포기할 수 없게끔 굳어지는지를 보여주는 전형적인 예가 되었다. 물론 아메리카대륙의 원주민들은 오래전부터 담배를 피웠고, 크리스토퍼 콜럼버스의 항해 이후 유럽인들도 담배를 접했다. 그러나 당시에는 부유층이 간혹 파이프를 피우거나 코담배를 했으며, 나중엔 손으로 말아 만든 고급 시가를 즐졌을 뿐이다. 그러다 1880년 미국인 제임스 본색James Bonsack이 시간당 1만 2000개의 저품질 담배를 만들어내는 기계를 발명하면서, 누구나 담배를 손에 넣을 수 있게 되었다. 이제 중요한 것은 욕구를 일깨우는 일이었다.

본색에게 돈을 투자한 사람들은 온갖 수단을 동원했다. '카메오'라는 담배 브랜드가 적힌 의자 40만 개를 미국 전역에 배포했고, 건물 외벽에 광고를 그려넣었으며, 신문에 광고지를 끼워넣어 담배가 신경을 안정시키는 데 좋고 심지어는 천식 치료제라고 홍보했다.[5] 담배 포장에는 거의 벌거벗다시피 한 여성 사진이 들어 있어서 젊은 남성들의 수집 욕구를 불러일으켰다.[6] 이 같은 일은 미국에서 시작되어 빠르게 전개되었다. 20세기에 들어서면서 본색의 기계를 활용하는 회사는 대기업으로 성장해 담배시장을 장악했다. 거의 같은 시기에 탄생한 존 록펠러의 스탠더드오일컴퍼니가 석유시장을 장악하게 된 것과 마찬가지였다. 그 이후에도 담배 산업과 석유 산업은 이윤을 확보하기 위해 놀라울 정도로 유사한 전략을 펼치게 된다.

결정적인 돌파구를 가져온 계기는 바로 제1차 세계대전이었다. 당시 미국 병사들은 식량과 함께 '카멜'이나 다른 담배를 배급받았다. "이 전쟁에서 승리하기 위해 우리에게 무엇이 필요할까? 탄약뿐 아니라 담배도 필요하다"라고 미군 총사령관 존 퍼싱은 말했다.[7] 군인들에게 담배를 풍족히 지급할 수 있도록 기부해달라는 광고가 신문에 실렸고, 담배 소비량은 폭발적으로 증가했다. 종전 이후 전쟁으로 파괴된 유럽에서 사람들은 담배로 허기를 달랬다. 독일은 세계 최대의 담배 수입국이 되었다.

담배 산업은 더 많은 사람들을 중독으로 몰고 가기 위해 애썼다. 새로운 전략은 다시금 미국에서 태동했다. 담배 회사는 이제 여성들을 타깃으로, 담배를 피우면 살이 빠진다고 홍보했다. "단것을 먹지 말고, 럭키 한 개비를 피우라"는 캠페인이었다. 이 캠페인은 먹혔지만 여성들이 숨다시피 해서 담배를 피우는 현실은 변하지 않았다. 여성이 공공장소에서 버젓이 흡연하는 일은 여전히 금기였다.

1929년 부활절 주간에 한 홍보대행사가 '매력적이지만 전문 모델처럼 보이지 않는' 여성들을 모집했다. 이 여성들은 뉴욕의 전통적인 부활절 퍼레이드에 참가해, 마찬가지로 그 홍보 회사가 고용한 사진사들의 카메라 앞에서 '럭키스트라이크' 담배를 피워야 했다. 유명한 페미니스트 루스 헤일Ruth Hale은 자신의 글에서 이렇게 촉구했다. "여성들이여! 자유의 횃불에 불을 붙이라!"

지그문트 프로이트의 조카인 에드워드 버네이스는 이 캠페인을 진두지휘했다. 가족들과 함께 빈에서 뉴욕으로 이주한 그는 홍보와 선전 분야의 선구자로, 나중에 이 분야에 PRPublic Relations이라는 이름을 붙여주었다. 버네이스는 자신의 활동을 학문적인 견해로 뒷받침하는 걸 굉장히 중요시했다. 그는 무의식의 힘을 산업을 위해 활용하고자 했다. 그의 존경받는 '지그문트 삼촌Uncle Sigi'이 사람들은 어떤 신념을 믿는다 해도, 그 신념에 따라 행동하지 않는다는 사실을 가르쳐주었던 것이다. 한술 더 떠 버네이스는 '사람들이 개인적인 선호를 따라 행동할까?'에도 의심을 품었다. '그렇지 않다, 오히려 사회적 표준에 맞추려는 욕구가 사람들을 움직인다. 심지어 자신의 이해에 반하더라도 그렇게 한다'고 그는 보았다. 그래서 그의 선전과 광고는 이 책에서 이미 살펴본 많은 통찰들을 선취하고 있었다.

버네이스는 상황을 이렇게 분석했다. 여성들이 공공장소에서 담배를 피우고 싶어도 그러지 못하는 이유는 다른 여성들이 담배를 피우지 않기 때문이다. 하지만 결국 과잉 모방 경향이—또한 원치 않는데도—그들이 담배를 손에 들게 할 것이다. 그들에게 다른 여성들이 담배를 피우는 모습을 보여주기만 하면 된다. 어느 순간 여자가 우아한 저녁식사 자리에서, 또는 평범한 버스정류장에서 담배에 불을 붙이는 일이 자연스러워질 날이 올 테고, 그러면 이 새로운 행동은 자동적으로 퍼져나갈 것이다. "집단적 사고의 메커니즘과 모티브를 이해한다면, 대중을 부지불식중에 우리의 의도대로 움직이고 통제할 수 있다"라고 버네이스는 적었다. 그리고 자신의 방법을 "동의의 공

학engineering of consent"이라 불렀다.[8]

점점 더 많은 영화에서 배우들이 흡연하는 모습이 등장하게 된 것은 우연한 일이 아니라 버네이스의 작품이었다. 할리우드는 흡연을 대중화시키기 위한 두 번째 공략지점이 되었다. 카메라 앞에서 담배를 피우는 배우들, 흡연하는 장면을 영화 속에 집어넣은 각본가와 제작자들은 두둑한 보수를 받았다. 버네이스는 익명으로 흡연의 드라마적 효과를 논하는 핸드북을 펴냈다. 그 책자는 담배 한 개비가 수마디의 말보다 더 많은 걸 이야기할 수 있다면서 "그래서 담배가 주인공이 되었다. (…) 유능한 배우가 손으로 집어 입에 문 담배는 가장 밝은 코미디부터 가장 어두운 드라마에 이르기까지 모든 것을 표현한다"고 강조했다.[9]

부활절 퍼레이드가 있은 뒤 불과 몇 년 지나지 않아 미국의 흡연 여성 비율은 이전의 5퍼센트에서 약 20퍼센트로 껑충 뛰었다.[10] 버네이스의 아내는 그 무리에 끼지 않았다. 유명한 페미니스트로서, 미국 여성 최초로 아버지에게서 물려받은 성을 결혼 후까지도 유지했던 버네이스의 아내 도리스 플리쉬먼Doris Fleischman도 담배를 손에 든 모습을 보여주고 싶었을지 모른다. 그러나 그녀가 담배를 피우는 모습이 담긴 사진은 존재하지 않는다. 사람들은 남편이 흡연을 말렸으리라 추측한다. 버네이스는 니코틴 중독의 위험을 잘 알고 있었으니까.

착각에 굴복한 의사들

그러는 사이 전에는 그다지 알려져 있지 않았던 질병인 폐암에 걸리는 사람들이 늘기 시작했다. 1912년에 이미 담배 연기를 폐암의 원인으로 지목하는 연구자들이 등장했고, 1930년에 작센의 내과 의사 프리츠 리킨트Fritz Lickint와 곧이어 미국의 동료들이 그것을 입증하는 통계자료를 발표했다. 그 수치는 끔찍한 우려들을 확인해주었다.[11]

하지만 대부분의 의사들은 별로 걱정하지 않았다. 1937년 뉴욕의 의사이자 의학사가 제임스 월시James Walsh는 "우리 기성세대 의사들은 흡연이 장난 비슷하게 출발해서 가장 중요한 사회적 관습으로 성장하는 모습을 지켜보았다"[12]며 "차세대에게 지나친 흡연은 해롭다는 것을 경고해야 마땅하다"고 했다. 하지만 동시에 자신도 담배를 피운다고 하면서 지나친 흡연만이 문제가 되리라고 했다. 이게 무슨 뜻일까? 월시는 자기가 아는 많은 의사들은 매일 20~30개비의 담배를 피우는데 "마치 물 만난 고기처럼 건강하다"라고 전했다.

월시는 앞에서 이야기했던 전형적인 착각에 굴복했던 것이다. 그는 자신의 확신에 배치되는 위험에 대한 모든 암시를 무시했다. 통계가 폐암의 빈도가 늘고 있음을 보여주는데 그는 일화로 도피했다. 이미 살펴보았듯이 우리의 이성은 데이터보다 이야기에 더 끌린다. 20세기 초반에도 여전히 의사들은 확률적 사고가 익숙하지 않았다. 그들은 몸이 마치 시계처럼 작동한다고 보았고, 그렇기에 특정 원인은 모든 사람에게 동일한 정도로 질병을 유발한다고 생각했다. 그들에게는 자신들이 가진 정보를 올바로 이해할 수 있는 정신적 도구가 부족했던 것이다.

그보다 더 일상적인 이유들도 흡연을 의문시하는 데 걸림돌로 작용했다. 의사들은 환자들이 진료실에서 담배 연기가 나는 걸 싫어할까 봐 우려했다.[13] 병원에서 힘들게 진료를 하면서 본인이 담배를 끊기는 싫었던 것이다. 이런 분위기 속에서 마침내 담배 회사들은 의사들에게 적극 구애 작전을 펼쳤다.

담배 회사는 의학학회에 참가한 의사들에게 무료 샘플을 후하게 나누어주었으며, 1954년까지만 해도 저명한 전문잡지인 〈미국의학협회지Journal of the American Medical Association〉에 담배 광고가 실렸다. 대중을 위한 담배 광고에는 하얀 가운을 입은 사람들이 우글거렸다. 담배 업계는 오랫동안 '의사'라는 사람들을 등장시켜 제대로 된 상표의 담배를 피운다면 흡연이 건강에 미치는 영향이 크지 않다고 공표하게 했으며, 잡지들엔 '의사들은 다른 담배보다 카멜을 피웁니다'라는 광고가 실렸다. 이비인후과 전문의인 듯 이마에 반사경을 쓴 여의사들도 그 상표를 선택했음을 확인해주었다. '인류에 봉사하는' 7250명의 동료들도 카멜을 좋아한다면서 말이다. 경쟁사는 목이 아파서 병원에 온

흡연자들에게 의사들이 '필립모리스'를 처방해주었다고 광고했다. 유수의 전문지에 실린 한 논문은 필립모리스의 탁월한 치료 효과를 확인해주었다. 담배를 바꾸자 모든 불편이 감쪽같이 사라졌다는 것이었다.

불행은 늘 다른 사람들에게만 일어날 듯한 착각은 담배 회사들에 어마어마한 이윤을 안겨주었다. 1950년대에 니코틴의 유독성에 대한 이야기가 분분해지자, 미국 담배 회사들은 사람들이 담배를 유해하다고 보는지에 대해 여러 번 조사했다.[14] 응답자 중 3분의 2가 유해성에 대한 질문에 "그렇다"라고 답했다. 흡연자들도 다수가 유해하다는 데 의견을 같이했다. 하지만 뒤이어 특정 상표의 담배가 건강에 더 좋거나 안전하다고 생각하느냐고 묻자 비흡연자들은 거의 모두가 그렇지 않다고 답한 반면, 흡연자들은 완전히 다르게 보는 것으로 나타났다. 흡연자의 4분의 3이 건강에 무해하다고 생각하는 상표 이름을 언급했는데, 대부분 자신이 피우는 담배 상표였다.

여전히 달라지지 않았다

이런 상황에 전환점을 가져온 계기는 1964년 1월 11일, 미국 보건국장이 워싱턴에서 수백 명의 기자들을 앞에 두고 발표한 보고서였다. 정부는 이 보고서로 인해 월스트리트에서 주가 대폭락이 일어날까 봐 발표 시점을 토요일 아침으로 골랐다. 그 보고서는 식도암에서 저체중아 출산에 이르기까지 니코틴과 타르가 미치는 피해를 총망라해서 정리한 것으로, 증거는 상당히 압도적이었다. 그리고 기대했던 대로 모든 미디어가 그 내용을 대대적으로 보도했다. 2월이 되자 흡연이 폐암을 유발한다고 믿는 시민의 비율이 15퍼센트 상승했다. 그렇게 많은 사람들이 그토록 빠르게 의견을 바꾼 것은 정말 드문 일이었다. 수십만의 흡연자들이 금연을 시도했으며, 금연을 위해 '정부가 급진적 조치를 취해줄 것'에 동의하는 시민들의 수도 불어났다.[15]

하지만 봄이 되자 담배 기업을 위협했던 폭풍이 지나간 듯했다. 담배를 끊으려던 흡연자 대다수가 다시 담배를 피우고 있었다. 금연법 시행의 지지자 수도 줄어들었다. 담배 산업의 홍보대행사들은 개인의 자유가 침해될 수 있음을 경고했고, 성숙한 시민의 자기 책임에 호소했으며, 민주주의 사회에서는 모두가 자신의 몸에 대한 결정권을 갖고 있음을 상기시켰다. 그 보고서를 발표한 연방정부는 아무것도 하지 않았다. 의사협회도 타르와 니코틴을 치명적인 독성물질이라 말하는 보고서에 대해 무덤덤한 반응을 보였고, 병원을 방문한 환자들은 기껏해야 과도한 흡연은 피하라는 조언 정도를 들을 수 있었다.

도덕적 혁명의 5단계

철학자이자 역사학자인 콰메 앤서니 아피아는 모든 도덕적 혁명이 거치는 다섯 단계를 정의했다.[16]

첫 번째 단계에서는 슬슬 문제의식이 확산되지만, 사람들은 아직 그것을 문제로 인식하지 않는다. 이렇게 나 몰라라 하는 이유를 우리는 앞장들에서 분석했다. 습관들이 지각을 왜곡하고 생각을 좌우한다. 그리하여 흡연이 위험하다는 사실이 점점 분명해지는데도 수십 년간 사람들은 그것을 부인했다.

두 번째 단계에서는 점점 더 많은 사람들이 문제로 인정하기 시작한다. 그러나 개인적인 문제로 받아들이지는 않는다. 흡연이 얼마나 심각한 영향을 미치는지에 대한 공식적인 보고서가 사회를 이런 지점으로 이끌었다. 1964년 1월 11일 토요일의 기자회견은 흡연의 위험성을 공론화했다. 수백만 시민들은 깊은 충격을 받았다. 그러나 변화 대신 당혹감이 이어졌다. 누구도 그간 담배의 위험성을 진지하게 생각해보지 않았기에, 변화에 대한 전략이 부재했다. 사람들은 선전과 습관이라는 이중의 위력 앞에서 속수무책인 채로, 니코틴이 다른 사람들에게만 해를 끼치고 나는 괜찮겠지 하는 희망으로 인지부조화를 견디었다.

세 번째 단계는 체념이다. 체념은 인지부조화가 깨질 때 시작된다. 사람들은 이제 이것이 자신에게도 해당되는 문제라는 사실을 받아들이지만, 아직 행동을 변화시키지는 못한다. 1970년대에는 담배와 함께 성장한 첫 세대가 노년을 맞이했고, 신문이나 텔레비전을 통해 알던 일들을 점점 더 자신의 경험으로 확인하게 되었다. 담배가 몸에 어떤 일을 야기하는지를 스스로 경험하지 못한 사람도 주변 사람들이 겪는 니코틴의 폐해를 알게 되었다. 의사들은 타르로 시커멓게 변한 폐, 흡연으로 인해 괴사한 다리, 관상동맥 석회화 등의 증상들을 보게 되었고 회사들은 직원들을 잃었다. 위험은 이제 구체화되었고 피해자는 더 이상 익명이 아니었다.

상황은 더 이상 미화될 수 없었다. 그러나 여전히 담배를 끊기보다 니코틴을 포기하지 못하는 이유들을 찾는 편이 더 쉽고 덜 괴로워 보였다. 담배 예찬론자들이었던 사람들조차 이제는 니코틴에 중독된 상태를 개탄하기 시작했다. 그리하여 1970년대까지만 해도 그저 습관으로만 여겨졌던 흡연에 이제 중독이라는 개념이 새롭게 들어섰다.

담배 산업은 개개인과 전 사회가 담배의 위력에 무기력하게 내맡겨져 있다는 믿음을 강화했다. 화학자들은 중독성을 높이기 위해 니코틴 함량을 조작했고, 심리학자들은 변절한 흡연자들을 되찾기 위한 광고전략을 개발했다.[17] 로비스트들은 정치가들에게 압력을 가했고, 변호사들은 금연 운동가들을 상대로 소송을 제기했다. 담배 기업은 자선기금을 조성해 소수자 및 여성 인권 단체, 학교를 후원하고 예술 분야에 자금을 지원하며 최대한 많은 단체가 담배 회사에 우호적인 태도를 갖도록 만들었다. 홍보대행사들은 과학적 결과를 부정하는 광고들을 내보냈고, 수상쩍은 교수들로 하여금 공개적으로 동료들을 공격하게 하고 후한 대가를 지불했다. 기업 수뇌부는 노조와 더불어 담배 산업에 얼마나 많은 일자리와 얼마나 많은 가정의 생계가 달려 있는지를 부단히 부각했다.

흡연이 매년 수십만의 사람들을 죽음으로 몰고 간다는 데에 더 이상 아무도 이의를 제기하지 않았음에도 담배 매출고는 일정하게 유지되었다. 정치는 이 일에서 발을 뺐다. 적극적인 국회의원들이 실효성 있는 광고 금지 조치를 취하거나 최소한 담뱃세를 인상하자고 제안하자마자 로비스트들이 안건을 수포로 되돌렸다.

그들은 수월한 게임을 했다. 앞서 살펴본 손실회피 성향이 그들에게 도움이 되었다. 금연법을 찬성하는 사람은 흡연자의 자유를 제한하게 된다. 그리고 광고를 제한하면, 언론사와 홍보대행사의 수입이 줄어든다. 세금 인상을 요구하는 사람은 담배 산업으로 인해 먹고사는 사람들의 일자리를 위태롭게 한다. 하지만 매년 수십만 명의 목숨을 구하는 일이 훨씬 더 이득이 아닐까? 정치가들은 아니라고 대답했다. 미국의 정치학자 토머스 마셜은 담배 소비를 줄이기 위한 자국 내 59건의 입법 발의를 분석했다.[18] 1964년에서 2010년 사이의 이 모든 제안에 대해 여론조사들이 이루어졌는데, 대부분의 조사는 담배 산업이 자체적으로 의뢰한 것들이었다. 이런 법안들이 시민들의 삶을 과도하게 간섭하는 것이 아닐까 하는 생각은 공연한 우려였다. 대부분의 여론조사에서 응답자들의 다수가 담배 소비를 줄이기 위한 법안에 찬성했다. 시민들은 법안의 70퍼센트에 호응을 보냈고 27퍼센트에만 부정적인 반응을 보였다.

하지만 정치는 변화로 인해 이득을 보는 사람들보다 손해를 보는 사람들의 이해관계를 더 중요하게 보았다. 그리하여 담배 회사들이 뭉쳐서 입법에 반대의 목소리를 내면, 대부분의 입법 발의안이 좌절되었다. 브리티시아메리칸토바코, 필립모리스 같은 담배 회사들이 다른 목소리를 내는 경우는 극히 드물었다. 이들의 목소리가 엇갈려야 비로소 국민 대다수가 원하는 법안이 통과될 가능성이 있었을 텐데 말이다. 반면 대다수 시민들의 지지조차 얻지 못했다면 거의 어떤 법안도 통과되지 못했다.

그리하여 마셜은 흡연의 예를 들어 사회 변화의 두 가지 전제를 보여주었다. 변화로 이익을 보는 사람들은 변화를 진정으로 원해야 하고, 손해를 보는 사람들은 최소한 변화에 반대하지 않아야 한다는 것이다. 사회 정책, 세법, 에너지 공급 등과 관련한 바람직한 개혁에서도 이와 동일한 패턴이 확인되었다.[19] 변화에 찬성하는 사람들이 더 나은 논지와 이해관계를 가지고 있을지라도, 변화를 거부하는 자들의 전선에 막혀 앞으로 나가지 못했다.

베티 칸스의 이야기

그런데도 담배는 어떻게 공공장소에서 사라질 수 있었을까? 베티 칸스Betty Carnes라는 여성이 그 시발점이 되었다. 훗날 칸스는 텔레비전에 출연해 1966년 자신의 친구가 골초로 살다가 죽어간 이야기를 했다.[20] 그 친구는 불과 29세였고 두 아이의 엄마였다. 죽음 직전에 친구는 칸스의 품에 안겨 계속 이렇게 물었다. "왜 내가 담배를 끊도록 도와주지 않았어? 왜 제때에 나를 도와주지 않은 거야?" 조류학자로 일하던 칸스는 친구를 보내고 난 뒤 일을 그만두고, 애리조나주 스코츠데일에 시민단체를 설립했다. 멕시코 국경에 인접한 이 작은 도시가 세계적 변화의 출발점이 되리라고 그 누가 상상할 수 있을까. 그러나 칸스에게 그것은 중요하지 않다. 그곳은 그녀가 살아가는 곳이었으니까. 그녀는 그곳에서 자신이 시작한 운동으로 세상을 바꾸게 될 터였다. 하지만 과연 세상을 바꾸는 것이 그녀의 목표였을까?

'금연해주시면 감사하겠습니다.' 이런 슬로건을 생각해낸 칸스는 자원봉사자들로 하여금 이 문구가 적힌 표지판을 스코츠데일의 식당과 가게에 나눠주도록 한다. 표지판을 설치하지 않은 가게가 보이면 칸스와 동료들이 직접 전화를 건다. 칸스는 표지판의 정중한 표현조차 일부 흡연자들의 마음을 상하게 할 수 있음을 깨닫는다. 그것은 그녀가 원하는 바가 아니다. 그녀는 사람들에게 억지로 담배를 피우지 못하게 하거나, 흡연자를 나쁜 사람들로 몰아가려는 의도가 아니다. 그녀는 어떤 이데올로기를 설교하지 않는다. 다만 주변 사람들이 원치 않는 담배 연기를 마시지 않기를 바랄 뿐이다. 그리하여 그녀는 표지판의 문구를 바꾼다. '이곳에서는 금연해주시면 감사하겠습니다'라고. 이 문구가 적힌 표지판은 스코츠데일 전역으로 확산된다. 바Bar들은 금연구역을 만들기 시작하고, 점점 더 많은 가게들이 문 앞에 재떨이를 놔두고 가게 안은 금연구역임을 알린다.

이로써 철학자 콰메 앤서니 아피아가 말한, 모든 도덕적 혁명의 다섯 단계 중 네 번째 단계가 시작되었다. 바로 행동하는 단계 말이다. 베티 칸스는 지칠 줄 모르고 활동을 이어갔고 곧 또 다른 성과를 낸다. 텍사스로 가는 비행기 안에서 옆 사람이 피우는 담배 연기 때문에 괴로움을 겪은 뒤, 그녀와 동료 활동가들은 해당 항공사에 편지 공세를 펼친다. 그리고 드디어 1971년 항공 역사상 처음으로 기내에 금연구역을 만들게 한다.

다음으로 칸스는 공공건물에서 흡연을 금지하는 법안의 필요성에 대해 주의회 의원들을 설득한다. 첫 번째 표결에서 법안을 찬성하는 측이 패배한다. 하지만 칸스는 패배에도, 그리고 담배 회사들의 비방에도 전혀 흔들리지 않는다. 카멜 담배를 제조하는 레이놀즈사는 소책자에서 그녀의 사생활을 낱낱이 파헤치며 "무서울 정도로 단호한" 광신자라고 적었다. 두 번째 표결에서 칸스가 제안한 법안은 통과된다. 처음으로 미국의 한 주가 버스와 엘리베이터, 박물관, 공공도서관에서의 흡연을 금지한다. 1973년의 일이다.

그러자 미국의 다른 지역에서도 칸스의 활동을 따라 하기 시작한다(유럽에서는 이 시점에 아직 아무도 흡연자들이 내뿜는 연기로부터 비흡연자를 보호할 생각이나, 흡연자들을 담배 기업의 영향에서 보호할 생각을 하지 못하고 있었다). 이제 캘리포니아에서 주민투표가 실시되고, 1990년까지 일곱 개 주에서 투표가 진행된다. 그러나 그중 다섯 개 주에서는 금연법안이 부결된다. 여론조사에서는 매번 초반에 찬성 의견이 우세했지만 담배 제조사들이 대대적인 캠페인을 벌이면 상황이 뒤바뀐다. 활동가들은 전략을 다시 한번 바꾼다. 전 연방주를 겨냥하기보다 목표를 작은 지역에 국한하기로 한 것이다. 칸스가 스코츠데일이라는 외진 도시에서 시작한 활동이 전 지역으로 확산되어야 할 것이다. 도시 하나씩 하나씩을 금연 지역으로 탈바꿈해야 할 것이다. 이런 게릴라 전술에 대기업은 잘 대처하기 힘들었다.

동시에 학문은 새로운 인식을 제공하여 흡연을 더 안 좋은 행위로 보이게 했다. 지금까지 우려만 했던 것이 사실로 밝혀졌다. 니코틴과 타르가 흡연자에게만 해로운 것이 아니라 주변에서 간접흡연을 하는 사람들에게도 해를 끼친다는 사실 말이다. 이런 인식은 활동가들의 입지를 더 굳혔다. 흡연은 개인적인 사안이며 흡연자의 건강에만 영향을 준다는, 기존의 주장은 위험한 오류로 드러났다. 새로운 법안에 반대하는 핵심 논거가 무너져내린 셈이다. 흡연과 관련한 손익 계산도 달라졌다. 지금까지는 비흡연자로서 그저 담배 연기가 싫고 흡연자의 건강이 걱정된다는 정도에 그쳤다면, 이제는 자신의 건강에 대한 우려도 더해지게 되었다. 그리고 익히 살펴보았듯, 이익에 대한 전망보다는 손실에 대한 우려가 사람들에게 더 강한 동기를 부여하기에 금연 운동은 더 큰 설득력을 얻게 되었다.

한 도시가 공공장소에서의 흡연을 제한하면, 그 도시가 본보기가 되어 다음 도시가 그것을 따라 했다. 이웃 도시에서 온 방문객들이 일단 한번 담배 연기 없는 깨끗한 공기를 경험하고 나면, 방문객들은 거주지역으로 돌아가 그곳에서도 그렇게 해줄 것을 시청에 요구하고 나섰다.[21] 그렇게 1990년까지 400개 이상의 미국 도시들이 금연 관련 규정을 마련했고, 점차 각 주 정부들도 함께하기 시작했다.[22]

당연한 것의 힘

금지의 직접적 효과보다 더 중요한 부분은 그것이 전달한 메시지였다. 담배의 성공은 담배 산업의 선전가들이 사회에 들여온 규범에 기초했다. 그 이래로 담배를 손에 들고, 서로 불을 건네면서 사회적 관계를 맺고 담배 연기를 고리 모양으로 내뿜으며 지루함을 달래게 되었다. 세월이 흐르면서 이런 습관은 널리 퍼져, 아무도 그것이 이상하다고 생각하지 않게 되었다. 사람들은 꼭 담배를 피우고 싶다기보다는 남들도 그렇게 하니까 담배를 피웠다. 그런데 이제 새로운 규칙이 당연함을 변화시켰다. 관청에서 대기하면서, 혹은 대학 강의실에서, 또는 바에서 수다를 떨면서 피우는 담배는 더 이상 평범한 것이 아닌 규범을 위반하는 것이 되었다.

새로운 금연 규정들이 흡연자의 자유를 제한하는 것은 사실이었다. 그럼에도 이런 규정이 한번 도입되자 저항은 없었다. 오히려 공감을 샀다. 흡연자들도 대다수가 규정들에 찬성했다. 마치 법이 그들 스스로는 어쩌지 못하는 니코틴의 굴레에서 그들을 해방시켜주기를 기다렸던 듯 말이다.

시민들이 실제로 그렇게 느꼈다는 건 규제의 정도가 서로 다른 도시들을 비교한 연구 결과에서 드러났다. 가령 식당에서도 담배를 금지한 도시에서는 그냥 공공건물에서만 금연을 적용한 도시들보다 담배를 끊은 사람들이 더 많았다. 반항적인 청년들조차도 그런 규제를 억압으로 여기지 않았다. 오히려 그들은 그 규정에서 공동체의 소망을 읽었고, 그 소망에 부응하고자 했다. 그래서 규제가 더 엄격한 지역일수록, 청소년들과 성인들 가릴 것 없이 담배 연기가 주변 사람들에게 지장이나 위험을 초래한다는 사실을 더 많이 수긍했다. 특정 지역은 금연구역이라는 데 일단 익숙해지고 나면 시민들은 이런 상태를 긍정적으로 평가했고, 나아가 금연구역을 확대해주기를 바랐다.[23]

베티 칸스가 '이곳에서는 금연해주시면 감사하겠습니다'라는 표지판으로 시작한 작은 캠페인은 불과 10년 만에 전국적인 운동으로 성장했다. 점점 더 많은 사람들이 습관을 바꾸어, 공공장소에서는 담배를 피우지 않거나 아예 담배를 끊었다. 이를 통해 새로운 규범은 더욱 강화되었고, 한 도시 한 도시 그렇게 임계점에 도달했다. 사회학자들은 아주 많은 사람들이 어떤 행동을 받아들여 그것이 전체 사회에 당연한 것이 되는 순간을 임계점이라 부른다. 한 나라나 심지어 한 대륙 사람들을 한꺼번에 설득해야 하는 경우, 임계점에 도달하기는 어렵다. 규모가 작을수록, 앞장 서서 모범을 보임으로써 집단의 나머지 구성원들을 전염시키는 '임계 질량critical mass' 격의 사람들이 생겨나기가 쉽다. 일단 한 인구집단이 행동을 변화시키고 나면, 그들은 다른 집단에 본보기가 된다.

칸스 캠페인의 성공 비결은 바로 그 소박한 시작에 있었다. 시카고, 베를린 혹은 어느 정도 커다란 도시들에서는 비흡연자를 배려하기 위해 충분한 사람이 움직이기 어려웠을 것이다. 연방주 차원의 법안을 마련하는 일이 처음에 좌절된 이유도 거대 담배 산업이 공격할 수 있는 여지를 많이 주었기 때문이다. 그러나 애리조나주의 소도시 스코츠데일에서는 변화가 가능했다. 그리고 새로운 규범이 그 작은 도시의 미용실, 술집, 도서관에 자리잡기 시작하자 그 규범은 주변 도시들과 더 먼 도시들, 그리고 애리조나주 전체를 거쳐 미국 전역으로, 마침내는 전 세계로 퍼져나갔다. 점점 더 많은 여성과 남성이 담배를 끊었고 니코틴에 중독되는 청소년들이 점점 더 줄어들었다. 2000년까지 미국 인구 중 흡연자의 비율은 45퍼센트 이상에서 20퍼센트 미만으로 떨어졌다.

칸스와 동료들이 얼마나 커다란 일을 했는지는 당시에 여전히 담배 연기 자욱했던 유럽과 비교해보면 잘 알 수 있다. 지역 차원의 금연 캠페인이 전혀 없던 독일에서는 2000년 기준으로 전체 인구 중 흡연자 비율이 미국의 거의 두 배에 달했다. 돈 때문만은 아니었다. 실질 구매력을 고려한 담뱃값은 미국보다 더 비쌌다. 그러나 독일에서는 담배 소비와 관련한 규범이 아직 바뀌지 않고 있었다.[24] 그리하여 독일 성인의 35퍼센트가 여전히 니코틴에 중독되어 있었고, 흡연이 무해하다고 여기는 독일인의 비율도 미국보다 훨씬 높았다. 술집, 회의실, 기차간에는 여전히 담배 연기가 자욱했으며, 국민들은 여전히 오래전에 은퇴한 전 총리 헬무트 슈미트가 텔레비전에서 그의 무수한 담배 중 하나에 불을 붙이는 모습을 존경심을 가지고 바라보았다.

독일이 마침내 실효성 있는 비흡연자 보호법을 도입하기까지는 다시 7년이 걸렸다. 그 무렵에는 이미 거의 모든 유럽 국가들이 미국의 성공을 통해 배워서 자신들의 규제안을 공포한 상태였다. 전통적으로 담배 로비스트의 입김이 거셌던 독일 연방의회도 이젠 더 이상 프랑스, 이탈리아, 영국의 선례를 따르지 않을 수 없었다. 규제를 도입하자 독일의 흡연자들 사이에서 잠시 분노가 일었다. 그러나 격앙된 분위기는 금세 수그러들었고, 몇 주 지나지 않아 시간과 장소를 불문하고 담배를 피워대는 사람은 헬무트 슈미트 단 한 사람뿐이었다. 이 연로한 총리는 우수에 젖어 한때 그가 통치했던 담배 연기 가득한 독일을 그리워했을지도 모른다. 그러나 그 외에 누구도 옛 시대로 돌아가기를 원하지 않았다.

변화는 철학자 아피아가 이야기한 도덕적 혁명의 다섯 단계 중 마지막 단계에 도달했다. 예전에 어떻게 그런 상태를 견디었는지 도무지 상상할 수 없는 단계, 모두에게 해가 되는 일을 어떻게 그토록 오래 지속해왔는지는 더더욱 이해할 수 없는 단계 말이다. 니코틴이 강력한 중독성이 있음에도 10억 명이 넘는 사람들이 중독성을 극복하고 그로써 사회를 변화시켰다. 그들은 자신의 생물학적 본능을 극복했을 뿐 아니라, 단호하고 강력한 적인 담배 산업의 술수까지 이겨내었다. 사회적 규범이 변하고 개인들이 힘을 합칠 때, 거의 모든 장애물을 극복할 수 있는 듯하다.

그러나 한번 쟁취한 진보라고 영원히 보장되지는 않는다는 사실 역시 니코틴 소비의 역사가 보여준다. 전자담배와 향이 첨가된 가향담배 같은 것으로 담배 산업은 다시금 청소년들을 중독으로 유혹할 새로운 출구를 찾아내었다. 청소년들의 취향을 완벽히 고려한 전자담배들은 엄청 튀는 색으로 빛나고 딸기, 망고, 치즈케이크 등의 향을 풍긴다. 이런 유혹은 통하고, 전자담배는 일반 담배보다 더 많은 니코틴을 방출하기에 더 빨리 중독된다. 그리하여 흡연하는 청소년의 수는 다시 증가하고 있다. 2021년과 2022년 사이에 그 수는 거의 두 배가 되었다. 자유는 지켜내지 않으면 빼앗기게 된다.

11장
변화는 혼자 오지 않는다

해롭다고 밝혀진 행동을 끝내려는 사람은 관성의 힘과 상실의 두려움에 맞서 싸운다. 그러나 낡은 폐습을 끊어내는 일보다 더 어려운 문제는 새로운 생각을 현실로 만드는 것이다. 단순히 습관을 버리는 것으로 충분하지 않고, 미지의 세계로 걸음을 내딛는 용기가 필요하기 때문이다.

가장 단순한 생각이 가장 커다란 저항에 부딪힐 때가 많다. 그런 생각 중 하나는 우리가 지구의 자원을 남용함으로써 미래 세대의 생존 기반을 빼앗아서는 안 된다는 것이다. 또 다른 단순한 생각은 모든 사람은 태어나면서부터 동등한 권리를 가진다는 것이다. 이 두 문장을 입에 올리기는 쉽다. 우리는 이 문장에 당연히 동의한다. 시대에 뒤떨어진 사람만이 21세기에도 성별, 피부색, 출신 배경, 종교 등을 이유로 어떤 사람이 다른 사람보다 더 우월하다고 주장할 것이다.

그러나 정말로 현실에서 우리가 옳다고 여기는 바와 같이 모든 사람이 동등한 대우를 받고 있을까? 수백 년 전부터 사람들은 평등의 이상에 가까이 가고자 노력하고 있지만 아직도 갈 길은 멀다. 그리고 지속 가능성 원칙을 존중하는 생활방식에 대한 질문은 오늘날에도 사회를 분열시키고 있다. 이런 갈등은 특권을 지키려는 심리만으로는 잘 설명되지 않는다. 저항은 자신도 동의하는 원칙이지만 그것을 따를 때 예측할 수 없는 공동생활을 해나가야 하지 않을까 하는 염려에서 비롯되기도 한다.

격변의 시기에 곧잘 일어나는 갈등의 예로 이번 장에서는 두 가지 역사적 투쟁을 조명하고 싶다. 하나는 노예제를 종식시킨 투쟁이고, 다른 하나는 여성에게 정치적 권리를 부여해준 투쟁이다. 이 두 가지 투쟁은 평등 원칙을 따랐으며, 18세기 말에 시작되어 서로 밀접하게 맞물려 있었다. 두 운동은 기본적으로 여성들이 주도했다. 노예 해방을 위해 힘쓰던 여성 활동가들은 그 와중에 자신들에게도 얼마나 많은 권리가 허락되지 않는지, 그리고 그들의 목소리가 어떤 일을 이룰 수 있는지를 깨닫게 되었고, 나중에 여성 해방을 위해서도 투쟁하게 되었다. 노예 해방과 여성 해방 모두 처음에 불의를 지적하고 변화를 요구했던 사람들은 소수의 그룹이었고, 대다수는 오랜 시간 동안 무관심하거나 부정적인 반응을 보였다.

하지만 소수가 세상을 바꾸었다. 석기시대부터 인간은 노예를 부려왔고 거의 모든 지역은 남성이 지배하는 구조였다. 오늘날 노예제를 허용하는 나라는 없으며, 선거가 이루어지는 곳마다 여성들도 투표권을 행사하고 후보로 출마하고 있다. 거대한 경제적 이해관계가 노예 해방을 탐탁치 않게 생각했고, 남성들은 여성들과 권력을 나누어야 했다. 이러한 변화에 대한 저항을 어떻게 극복할 수 있었을까?

지식이 아닌 가치가 변화를 주도한다

지식은 사회를 바꿀 수 있다. 흡연의 위험성에 대한 연구가 없었다면 어떻게 금연 운동이 전개될 수 있었겠는가. 하지만 지식이 늘 결정적인 역할을 하는 것은 아니다. 유럽의 독자들이 1770년 암스테르담에서 익명으로 출간되어 80판이나 찍었던 《두 인도의 역사》라는 책을 통해 대서양 노예무역의 잔혹성을 처음으로 알게 된 것은 중요한 일이었다. 하지만 이런 지식은 노예 해방 운동의 초기에만 중요한 역할을 했을 뿐이다. 여성의 정치적 권리를 위한 투쟁에서 새로운 정보는 그다지 중요한 역할을 하지 못했다. 남성이 여성을 억압하고, 여성은 권력 요구를 망설여온 이유는 무지 때문이 아니었다. 여성이 남성만큼 능숙하게 나라를 통치할 수 있음을 입증해준 여왕들은 유럽에도 충분히 있었다.

새로운 지식이 아니라 새로운 가치가 변화를 주도했다. 변혁은 사람들이 모두가 아는 사실과 목격되는 현실 간의 모순을 더 이상 견디지 못할 때 시작되었다. 이성과 지성을 사용하도록 요구했던 계몽주의의 영향 아래 인지부조화를 지탱하던 마지노선이 무너졌다. 이런 시작을 상징적으로 보여주는 예는 1790년 성평등을 요구했던 프랑스의 수학자이자 철학자인 니콜라 드 콩도르세의 반박서다. 콩도르세는 남성을 우대할 이유는 없으며 그런 이유가 존재한 적도 결코 없다고 적었다. 콩도르세는 동시대인들의 모순을 지적했다.

"인류의 어느 누구도 진정한 권리가 없거나, 혹은 모든 인류가 같은 권리를 가지고 있다…. 어찌하여 인류의 한 집단의—임신할 수 있고 때로 몸이 좀 안좋다고 하여—권리를 박탈한단 말인가? 겨울마다 통풍에 시달리고 감기에 잘 걸리는 이들에게는 결코 박탈하지 않을 권리를?"

10년 전 이미 콩도르세는 비슷한 논거로 다른 피부색을 가진 사람들을 노예로 삼는 일이 얼마나 부당한지에 대해 목소리를 높였다. 물론 그는 노예무역으로 막대한 이익을 얻고 있던, 프랑스 상인들의 공격과 검열을 피하기 위해 가명으로 반박서를 발표했다. 당시 매년 1만 명 이상의 아프리카인들이 자신들의 의사에 반해 카리브해 지역의 프랑스령 식민지로 이송되었으며, 북미와 남미 대륙의 플랜테이션 농장에서 혹사당하던 남녀 노예의 수는 수백만에 달했다.

콩도르세보다 더 용감했던 이는 올랭프 드 구주였다. 이 이름은 본명이 아닌 한 여성 작가의 예명으로, 그녀는 남프랑스의 시골에서 정육점 주인의 딸로 태어나 어린 나이에 한 여관 주인과 강제로 결혼해야 했다. 그러다가 남편이 일찍 세상을 뜨자 그녀는 새로운 이름으로 불리기를 원했고, 아들과 함께 파리로 가 세련된 파리 사교계에서 인기 있는 여성으로 부상했으며, 스스로 교양을 쌓고 문인들, 반체제인사들과 교류했다.

1784년 그녀는 첫 희곡 〈자모르와 미르자〉를 발표했다. 이 희곡에서 주인공 자모르와 미르자는 노예살이를 하다가 어느 섬으로 도망친다. 자모르가 미르자를 성폭행하려는 주인으로부터 그녀를 지켜주려는 과정에서, 주인이 자모르에게 칼을 들이대었고 그는 정당방위로 상대를 죽였기 때문이다. 하지만 자모르와 미르자는 추격자들에게 붙잡히고 자모르는 사형을 언도받는다. 군인들이 처형 준비를 할 때 식민지의 노예들이 자모르의 생명을 지키고자 일어나며, 이 일은 노예 봉기로 이어진다.

올랭프는 이 희곡을 코메디프랑세즈에 제출했고, 국립극장 심사위원회는 만장일치로 무대 상연을 승인했다.[25] 하지만 무대에 올리는 일이 계속 지체되면서 〈자모르와 미르자〉는 끝내 공연하지 못했다. 이 희곡이 너무나 참신한 데다 무엇보다 그것이 몰고 올 사회적 파장이 심상치 않아 보였던 탓이다.

모든 인간이 태어나면서부터 동등한 권리를 갖는다는 올랭프의 주장은 수천 년 전부터 고착되어온 이데올로기에 반하는 것이었다. 고대 바빌로니아인들도 이미 노예를 부리지 않았던가. 하물며 구약성서조차도 명백히 다른 민족을 노예로 삼으라고 말하지 않던가? 유럽 철학의 아버지인 아리스토텔레스는 신체적 힘만 가지고 있지, 이성은 가지지 못한 사람은 노예로 태어난 것이라고 말했다. 아리스토텔레스와 그의 스승 플라톤도 노예를 소유하고 있었다. 계몽주의의 위대한 사상가들조차도 인간의 권리를 폭력적으로 박탈하는 일을 정당화했다. 토머스 홉스와 존 로크는 아프리카인을 신대륙으로 끌고 가는 일로 돈을 버는 회사들에 관여했으며, 이마누엘 칸트는 아프리카인은 노예살이에 적합하다며 인종 간에도 위아래가 있는 듯이 말했다(나중에 고령이 되어 칸트는 자신의 생각을 바꾸었다).

코메디프랑세즈가 이 연극을 되도록 상연하지 않고 넘어가고 싶어 했던 것도 놀랄 일은 아니다. 그러나 극장 관계자들은 작가의 고집을 과소평가했다. 올랭프는 호락호락 물러서지 않았다. 그녀는 수년간에 걸쳐 편지를 쓰고, 탄원하고 코메디프랑세즈를 고소하기까지 했다. 그리하여 프랑스혁명이 일어났던 1789년, 극장 측은 마침내 물러났고 그해 12월 28일 '자모르와 미르자 또는 흑인의 노예화'로 제목을 바꾼 올랭프의 작품은 무대에 오를 수 있었다. 2000여 명의 관객이 운집한 파리 오데옹

극장엔 팽팽한 긴장감이 감돌았다. 일부 관객은 박수갈채를 보냈고, 〈모니퇴르〉 신문은 "무대에서 보았던 가장 낭만적인 공연 중 하나"라는 찬사를 보냈다. 하지만 대부분의 관중들은 연인을 보호하기 위해 정당방위로 주인을 죽인 자모르가 최고형에 처해야 할 범죄자라는 의견이었다. 그리하여 휘파람을 불며 야유를 하고 고함을 지르며 분개를 했다. 사이사이에서 이 작품을 쓴 사람이 하필 여자라는 고함 소리도 터져 나왔다.[26]

노예무역으로 돈을 벌던 상인 가문에서 아마 〈자모르와 미르자〉 초연에 방해꾼들을 보냈던 듯하다. 공연에 방해꾼들을 동원하는 일은 당시에는 흔했다. 트롤troll은 인터넷 시대 전에도 있었던 것이다. 하지만 정말로 돈을 받고 야유하는 사람들이 관중 속에 있었다 하더라도, 나머지 관객들은 왜 야유를 보냈을까? 왜 그렇게 많은 사람들이 올랭프에 대해 거부반응을 보였을까? 피부색이 다른 사람도 인간으로 대우해야 한다는 요구가 그리 싫을 이유도 없었을 텐데 말이다. 흑인과 직접 마주친 사람은 거의 없었다. 비평가들의 비아냥대로 "턱에 수염도 안 난 인간들이 희곡을 쓴다 해도" 뭐 그리 큰일날 게 있겠는가. 하지만 그런 문제가 아니었다. 올랭프는 관객들의 특권이 아니라 편견을 공격했다. 그녀는 유럽인뿐 아니라 다른 대륙 출신들도 이성과 감정, 도덕적 감수성을 지닌 세계를, 여성도 자기 목소리를 내는 세계를 관객들에게 보여주었다. 확신을 뒤흔드는 자는 비방을 감수해야 한다.

노예제 폐지와 여성의 법적 평등으로 이어졌던 두 가지 도덕적 혁명은 여전히 다섯 단계 중 첫 단계에 머물러 있었다. 이렇게 계속될 수는 없다는 인식이 확산되고 있었지만, 대부분의 사람들은 여전히 현실 인식을 부인하고 있었다. 그들은 인지부조화에 붙들려 있었다.

올랭프가 그린 미래

"사람은 나면서부터 자유로우며 동등한 권리를 가지고 있다" 1789년 7월 14일 민중이 바스티유감옥을 습격한 직후, 파리의 국민의회가 채택한 〈인간과 시민의 권리 선언〉은 이와 같이 시작된다. 그러나 의회의원들은 곧 대농장 소유주의 압력에 굴복한다. 국민의회는 이 선언은 식민지에는 적용되지 않으며, 하물며 노예에게는 더더욱 적용되지 않는다는 걸 분명히 한다. 프랑스 원문에서는 이 문장의 인간이라는 말이 'Les Hommes'라고 표기되어 있는데, 이것은 중의적인 뜻이 있다. 'Les Hommes'는 '인간들'이라는 뜻도 되고 '남자들'이라는 의미도 있다. 남성으로만 구성된 국민의회는 이 단어를 한 성性만을 지칭하는 것으로 생각하고 있음이 빠르게 드러났다. 여성은 선거권을 가질 수 없고, 공직에 오를 수도 없으며, 원하는 직업을 가질 수도 없고, 재산을 소유할 권리조차 없었다. 혁명 뒤에도 여성은 남편에게 종속된 존재로 남아 있었다.

1789년 10월 5일 약 6000명의 여성들이 베르사유로 행진한다. 그러고는 국민의회 회의장에 진입한 뒤 왕궁 안으로 들어간다. 이들 중 다수는 파리 시장에서 장사를 하며 생계를 잇는 여성들로, 계속되는 생필품 가격 인상에 시달리고 있었다. 왕이 모습을 드러내고 식료품 공급을 약속하자 그들은 루이16세에게 두 가지를 요구한다. 첫째 〈인간과 시민의 권리 선언〉을 수용할 것, 둘째 왕실을 베르사유에서 파리로 옮길 것. 왕은 두 가지 요구를 모두 받아들인다.

이듬해 전국에 여성 위원회들이 결성되고 여성들은 이제 시민권을 요구한다. 노르망디에 사는 B부인은 이렇게 쓴다. "흑인들에게 자유를 준다고들 한다. 흑인과 마찬가지로 거의 노예나 다름없었던 민중도 권리를 되찾게 될 것이다. 하지만 여성들은 어떤가? 여성들을 위한 슬로건은 이것이다. 일하고, 복종하고, 침묵하라. (…) 단결하라, 지방의 소녀들이여, 여성 시민들이여, 너희는 부당하고 가소로운 관습의 지배를 받고 있다. (…) 태어나자마자 너희를 가난으로 몰아넣는 법의 폐지를 요구하라."

올랭프 드 구주는 여성들의 형편을 잘 알고 있었다. 원치 않는 남자와 결혼해 종속되어 살아가는 일이 어떤지를 몸소 경험해보았기 때문이다. 그녀는 여성의 이혼권을 요구하는 극작품을 쓴다. 그리고 계속하여 여성의 투쟁을 노예 해방 운동에 비유한다. "이혼이 허용될 때 결혼의 유대는 꽃으로 엮은 화환이지만, 이혼권이 없을 때 그것은 노예제의 사슬이다." 코메디프랑세즈는 이 작품을 거절한다.

1791년 9월, 올랭프는 악의 뿌리를 뽑기로 결심한다. 그녀는 국민의회가 〈인간과 시민의 권리 선언〉에서 소홀히 했던 부분을 보완해, 자신의 선언문을 '여성과 여성 시민의 권리 선언'이라고 명명한다. 내용은 국민의회가 애매하게 '인간의 권리' 혹은 '남성의 권리'로 채택했던 선언문과 같지만, 올랭프는 모든 조항이 남녀 모두를 의미한다는 사실을 아무도 의심하지 않도록 다시 정리한다.

제1조는 이러하다. "여성은 나면서부터 자유로우며 남성과 똑같은 권리를 지닌다." 동일한 권리에는 동일한 의무가 따라야 한다. 올랭프는 이런 관계를 한꺼번에 분명히 하고자 한다. 옛 선언의 제10조에서 '어떤 사람도 그의 의견 때문에 기소되어서는 안 된다'라고 되어 있는 부분에 올랭프는 이렇게 덧붙인다. "여성은 단두대에 오를 권리가 있다. 그리고 그와 마찬가지로 연단에 설 권리도 있어야 한다."

올랭프는 국민의회가 〈여성과 여성 시민의 권리 선언〉을 채

택해야 한다고 요구한다. 그러나 의회의원들은 그것을 검토할 생각조차 하지 않는다. 검토했어도 기껏해야 비웃기나 했겠지만 말이다. 그러는 사이에 전국의 여성 위원회들은 올랭프의 요구를 자기들의 것으로 삼는다. 1793년 10월 30일, 올랭프의 제안이 나온 지 약 1년이 넘어서야 마침내 국민의회는 여성의 시민권에 대해 토론한다. 만일을 위해 바로 급진적인 '혁명적 여성 공화주의자 연합'을 치안상의 이유에서 금하자는 제안이 접수된 것이 그 계기가 되었다.

하지만 이 와중에 다른 사안들까지도 논하게 되었으니, 의회의원 장피에르 앙드레 아마르는 "여성이 정치적 권리를 행사하고 국가 사안에 관여해도 되는가?"라고 물었다. 아마르는 좌파 자코뱅주의자로서 원래는 혁명적 여성 공화주의자들과 가까웠으나 그럼에도 그는 단호하게 대답했다. "그렇지 않다. 여성들은 (…) 공적 사안을 다루는 데 필요한 모든 특성과 능력이 결여되어 있다." 아마르는 사실에 굴하지 않고 원래 의견을 고집하며, 자신의 집단을 위해 판단하는 이데올로기적 사고의 본보기였다. "남성은 강하고, 튼튼하며, 용기와 대담함을 타고났다. (…) 남성만이 심오한 정신력과 오랜 탐구를 요하는 깊고 진지한 사고를 할 수 있다." 그렇다면 여성에게 합당한 과제는 무엇이라는 걸까? "가사를 돌보고 자녀를 양육하는 것이다."

의회의원인 샤를리에는 수학자이자 철학자인 콩도르세가 수

년 전에 이미 이런 주장 하나하나를 반박했다며, 여성들에게 집회의 권리를 뺏을 수는 없음을 상기시켰다. 하지만 사람들은 샤를리에의 말을 한 귀로 듣고 한 귀로 흘려버렸다. 국민의회는 '혁명적 여성 공화주의자 연합'뿐 아니라, 모든 여성 단체를 종식시키는 법안을 통과시켰다. 그 법안의 1조는 이러했다. "여성의 서클활동과 단체활동을 금한다."

사흘 뒤 올랭프 드 구주는 혁명재판소 앞에 선다. 기소 내용은 그녀가 앞으로의 통치 형태를 국민투표로 결정하자고 촉구하는 벽보를 작성했다는 것이었다. 그에 따르면 중앙집권 공화국을 원하는지, 연방공화국을 원하는지, 입헌군주제를 원하는지 남녀 시민들이 투표로 결정해야 한다고 했다. 재판소는 올랭프에게 유죄판결을 내렸다. 당시 45세의 피고가 국가 전복을 꾀했다는 이유에서였다. 판결문에는 "그녀는 정치가가 되고자 했다. (…) 법은 자신의 성별에 걸맞는 미덕을 잊은 이 모반자를 처벌한다"고 되어 있었다.[27]

"여성은 단두대에 오를 권리가 있다. 그와 마찬가지로 연단에 설 권리도 가져야 한다"고 했던 올랭프 드 구주. 1793년 11월 3일 저녁 7시, 그녀는 단두대에서 목이 잘렸다.

좋은 생각도 전염될 수 있다

올랭프 드 구주는 자신이 시대를 앞서갔음을 알았다. "여성에게 존중받는, 공정한 생존의 토대를 마련해주고자 하는 나의 노력이 현재는 이상한 일을 자초한 행동처럼 보이고, 불가능한 것을 이루려는 시도로 여겨진다. 그렇다면 이런 문제를 다룰 영예를 미래 세대에게 넘기도록 하겠다"고 올랭프는 말했다.[28] 노예 해방을 위한 자신의 투쟁에 대해서도 그녀는 비슷한 말을 했을지도 모르겠다.

그러나 올랭프가 생각했던 미래는 훨씬 더 가까이 있었다. 생각들은 전염병처럼 확산되었다. 생각을 대변하는 사람들이 다른 사람들을 전염시켰다.[29] 그러므로 소그룹이나 심지어 개개인이 간접적인 경로로 전체 사회를 변화시킬 수 있다. 성공적인 생각들이 세상을 정복하는 길은 거의 언제나 얽히고설켜 있어서 기껏해야 다 지나고 돌아볼 때만 이해할 수 있는, 그런 길이다. 그러므로 예측은 불가능하다.[30]

〈여성과 여성 시민의 권리 선언〉이 나온 지 불과 1년 만에 독일과 영국에서도 비슷한 제목, 비슷한 방향성을 가진 선언들이 등장했다. 우연이었을까? 철학자이자 《프랑켄슈타인》의 작가 메리 셸리의 어머니인 메리 울스턴크래프트가 1792년 《여성 권리 옹호Vindication of the Rights of Women》를 출판했을 때, 그녀는 당시 혁명이 한창이던 파리와 런던을 오가며 살고 있었다. 울스턴크래프트가 올랭프 드 구주의 글을 읽었는지, 아니면 만나기까지 했는지 우리는 알지 못한다. 하지만 울스턴크래프트는 틀림없이 혁명기 파리에서 벌어지고 있던 논쟁을 잘 알고 있었을 것이다.

우리는 이마누엘 칸트의 쾨니히스베르크 출신 친구인 테오도어 고틀리프 폰 히펠이 올랭프 드 구주를 얼마만큼 알고 있었는지도 알지 못한다. 하지만 같은 해 베를린에서 출판한 히펠의 책《여성의 시민적 개선에 대하여》는 올랭프와 같은 진단을 내린다. 즉 자연이 아니라 사회가 여성들을 차별한다는 것이다. 그리고 올랭프와 마찬가지로 히펠도 양성에게 똑같은 권리를 허락할 것을 요구한다.

메리 울스턴크래프트의 책은 큰 성공을 거두었다. 런던과 뉴욕의 신문들이 찬사를 보냈고, 미국판과 프랑스판이 출간되었다. 소설가들은 울스턴크래프트가 묘사한 해방된 여성들을 주인공으로 등장시켰다. 울스턴크래프트의 책은 너무나 잘 알려져 있었기에, 그녀가 이른 나이에 세상을 떠난 뒤 출간된 울스턴크래프트의 전기 제목에는 그녀의 이름 대신 책 이름만 들어갔다. 즉 '《여성 권리 옹호》의 저자 회고록'이라고 말이다.[31] 굳이 이름을 언급하지 않아도 누구를 지칭하는지 다 알았다. 1800년경 베를린의 살롱에서는《여성 권리 옹호》와 히펠의

《여성의 시민적 개선에 대하여》가 함께 논의되었고,[32] 두 세대 뒤 여성 참정권 투쟁을 할 때 이를 주도했던 여성 운동가들은 울스턴크래프트를 영감의 원천으로 꼽았다.[33]

인간은 피부색과 무관하게 동등한 권리를 누려야 한다는 생각은 더 빠르게 퍼져나갔다. 이런 생각의 가장 강력한 매개자는 아마도 뱅상 오제Vincent Ogé라는 남자였을 것이다. 오제는 아프리카 혈통의 부유한 카리브인이었다. 그가 1788년에 사업상의 일로 아이티에서 파리로 여행했을 때만 해도, 그가 소송을 벌이던 재판부 정도만이 그를 인지했다. 하지만 이듬해 파리에서 혁명이 발발했고, 스스로도 유색인이었던 오제는 이 기회를 활용해 자유로운 시민으로 태어난 흑인들의 권리를 옹호할 수 있겠다고 생각했다.

다음 해에 고향 섬으로 돌아온 오제는 파리에서 논의되던 사상, 즉 모든 인간은 동일한 권리를 지닌다는 사상을 아이티섬에 전파하기 시작했다. 그러고는 백인의 특권을 포기할 생각이 없는 식민정부에 불만을 품고 무기를 마련했다. 그의 주도하에 일어난 1791년의 소규모 봉기는 실패로 돌아갔고, 오제는 참수당했다. 그러자 이어 아이티에서 노예들이 봉기했다. 올랭프가 자신의 문제작인 〈자모르와 미르자〉에서 예언했던 바로 그 일이 일어난 것이다.

봉기는 며칠 사이에 당시 프랑스령이던 아이티섬의 광범위한 지역으로 번져나갔으며, 이것은 스파르타쿠스가 로마 군대에 맞섰던 이래로 가장 큰 노예 반란이었다. 스파르타쿠스의 반란은 실패했지만, 아이티에서는 반란군이 호락호락 굽히지 않았다.

1792년 4월, 국민의회는 프랑스 식민지의 모든 자유민들에게 피부색에 관계없이 시민권을 부여했다. 즉 국민의회가 여성들에게는 허락하지 않았던 권리를 비백인 남성들에게는 허락한 것이다. 하지만 이 칙령은 이미 해방된 노예에게만 혜택을 주었기에 아이티의 상황을 진정시킬 수 없었다. 노예제는 여전히 존속되고 있었다.

이듬해 파리 정부를 대리해 섬을 통치하던 두 명의 관리는 급진적인 변화가 불가피하다는 사실을 알아차렸다. 그리하여 재량으로 아이티에서의 노예제를 폐지하고, 50만 명의 노예를 자유민으로 선언했다. 1793년 8월의 일이었다. 한 달 뒤 노예 출신의 유색인이 첫 의회의원이 되어 아이티 대표로 파리 국민의회에 입성했다.

1794년 2월 4일 국민의회도 이제 식민지 관리들의 결정을 따랐다. 프랑스는 모든 식민지에서 노예제를 폐지했다. 올랭프 드 구주가 〈자모르와 미르자〉로 파리 사람들을 격앙으로 몰아넣은 지 4년도 채 되지 않은 시점이었다.

짧은 시간 사이에 분위기는 완전히 달라졌다. 도덕적 혁명은 다섯 단계 중 세 번째 단계에 접어들었다. 젊은 공화국이 표방하는 전 세계적 인권 실현이라는 목표와 식민지의 플랜테이션에서 행해지는 잔혹한 억압 사이의 모순을 이제 아무도 부인할 수 없었다. 들라크루아라는 의원도 국민의회가 노예제의 찬반을 놓고 옥신각신함으로써, 국민의회의 품위를 손상시키는 일은 만들지 말아야 한다고 천명했다. 의원들은 그의 의견에 동의했고, 법은 논쟁이나 투표 없이 그냥 박수갈채를 통해 통과되었다.

변화는 혼자 일어나지 않는다

1794년 2월 4일의 결의는 새 시대의 이정표가 되었다. 역사가 시작된 이래로 사람들은 다른 사람들을 예속시켜 자신의 소유물로 삼고, 이런 관행을 정당화하기 위해 그럴듯한 이유들을 대왔다. 노예제는 규범이었고, 이 규범은 예로부터 거의 모든 곳에서 통용되었다. 그러나 이제 처음으로 한 대국이 모든 주민을 자유인으로 선언했을 뿐 아니라, 이 권리가 전 세계 모든 이에게 귀속되어야 한다고 요구했다. 국민의회는 노예제라는 규범을 평등과 자유라는 새로운 규범으로 대체했다.

하지만 그 법은 적용되지 않았다. 플랜테이션 소유주들은 노예를 풀어주기를 거부했고, 정부는 머나먼 식민지에서 그 법을 집행할 수단이 없었다. 프랑스 본토에는 다른 걱정거리들이 산적했다. 그러므로 심대한 변화는 결코 한 막으로 완성되지 않는다. 장기간에 걸쳐 한걸음 앞으로 나갔다가 다시 여러 걸음 후퇴하는 식으로 진행된다. 1799년 젊은 나폴레옹 보나파르트가 쿠데타로 권력을 잡았을 때 그는 심지어 노예제를 다시 도입했다. 나폴레옹은 그렇게 수십만 명의 고통을 연장했다. 그러나 그가 프랑스 식민지에서 그 법을 무효화했다 해도, 세상은 모든 사람에게 자기 결정권을 보장해주어야 한다는 새로운 규범이 생겨나기 전으로 돌아갈 수 없었다. 봉기가 이어지던 아이티는 1804년 노예 출신의 자유민으로 구성된 최초의 국가로 독립을 쟁취했다. 역설적이게도 나폴레옹의 조치는 오히려 전 세계에서 노예제 폐지를 가속화시켰다.

이런 연관을 이해하기 위해서는 프랑스 식민지보다 훨씬 더 큰 면적을 차지했던 대영제국에서 거의 동시대에 일어났던 일을 살펴보아야 할 것이다. 1787년 올랭프 드 구주가 〈자모르와 미르자〉를 발표한 지 3년 뒤, 런던의 한 서점에 10여 명의 활동가가 모였다. 그들은 노예무역 종식을 위한 협회를 설립했다. 그러자 곧 영국의 다른 도시들에서도 노예매매의 잔혹함을 규탄하는 위원회들이 생겨났다.

영국 시민들은 자신들의 요구를 의회에 청원할 수 있었다.

1788년 맨체스터의 한 위원회가 최초로 노예무역 반대 청원을 제출했으나, 의회는 그것을 거부했다. 모두가 예상했던 바였다. 노예들의 노동력을 기반으로 운영되는 설탕 농장이 나라에 막대한 수익을 가져다주고 있었기 때문이다. 하지만 뜻밖에도 그 청원은 대중의 광범위한 지지를 받았다. 당시 맨체스터의 주민은 5만 명이 되지 않았는데 그중 1만 명 이상이 청원에 서명했다.[34]

그런 다음 올랭프 드 구주의 〈자모르와 미르자〉처럼, 억압받는 사람의 입장에서 억압에 대해 이야기한 책이 나왔다. 과거 노예였던 올라우다 에퀴아노의 책으로 그는 어린 시절 니제르의 한 마을에서 자신과 누이가 인신매매범들에게 납치당한 이야기, 고통으로 울부짖는 포로들 틈에서 대서양을 건넌 이야기, 자신을 계속해서 팔아넘긴 플랜테이션 소유주와 상인들 이야기, 마침내 소규모의 과일 장사를 해서 돈을 모아 몸값을 지불하고 자유인이 된 이야기를 적었다.

에퀴아노의 자서전은 그동안 추상적인 주장에 머물던, 모든 인간의 법적 평등에 대한 요구에 생생함을 불어넣었다. 그의 글을 읽고 화자와 동일시하는 사람은 타인의 소유물이 된다는 것이 어떤 의미인지를 절절히 느낄 수 있었다. 독자들이 어찌 에퀴아노와 동일시하지 않을 수가 있었을까? 영국 여인과 결혼한 이래로 에퀴아노는 런던의 웨스트민스터에서 여느 영국인과 다름없는 삶을 살고 있었다. 출신 배경과 피부색이 다를지라도, 에퀴아노는 그들 중 한 사람이었고 에퀴아노의 책은 불티나게 팔렸다.

위원회들은 새로운, 이번에는 전국적인 규모의 운동을 펼쳤다. 이제 목표는 노예무역의 잔혹성을 알리는 일만이 아니었다. 캠페인은 노예무역의 수혜자들도 힘을 합치게끔 만들고자 했다. 그리하여 영국인들로 하여금 더 이상 카리브해산 설탕을 구입하지 말 것을 요구했다. 에퀴아노 스스로도 사람들에게 전단지를 나누어주며 역사상 최초의 불매운동을 촉구했다. 운동가들은 특히 생활비를 관리하는 여성들에게 호소했다. 대규모 인신매매로 말미암아 가족이 처참히 파괴되는 실정에 남성들보다 더 강하게 격분했지만, 여지껏 청원에 동의할 권리가 없었던 여성들은 이제 자신들의 의지를 보여줄 방법을 갖게 되었다.

1791년 대영제국에서 40만 명이 넘는 사람들이 설탕 구입을 포기했다. 이 캠페인은 의도했던 대로 노예 소유주와 그들의 재정을 담당하는 사람들의 이윤을 줄어들게 만들었다. 하지만 무엇보다 이 캠페인은 시민들에게 그들이 부당하다고 느끼는 상황을 그냥 받아들일 필요가 없음을 보여주었다. 영국의 도덕적 혁명은 다섯 단계 중 네 번째 단계에 이르렀다. 행동할 수 있는 길이 열리기 시작한 것이다.

어찌하여 대영제국이 프랑스보다 이런 면에서 더 앞서갈 수 있었을까. 첫째, 도버해협 북쪽 영국에서는 노예 문제에 대해 폭넓은 지지를 이끌어낼 수 있었다. 반면 프랑스에서는 이 문제가 무엇보다 혁명 시기 올랭프 드 구주 같은 사람이 출입하던 살롱에서나 논의되는 주제로 남았다. 프랑스의 민중은 지구의 머나먼 지역에서 일어나는 참상에 대해 항의하는 건 고사하고, 관심을 가질 여력조차 없었다. 우선은 무너져가는 구체제 말기의 배고픈 시기와, 뒤이어 혁명의 혼란 속에서 스스로 살아남는 일에 우선순위를 두어야 했기 때문이다.

영국은 상황이 전혀 달랐다. 영국은 정치적으로 안정되어 있었고, 이미 산업화가 시작된 상태였다. 영국인들은 시골에서 도시로 이주하고 높은 급료를 받으며 일했지만 형편없는 주거 환경, 긴 노동 시간, 공장주들의 횡포를 견디어야 했다. 그리하여 맨체스터 같은 대도시의 노동자들은 노예들이 얼마나 힘들까를 이해하는 일이 어렵지 않았다. 플랜테이션에서 억압받는 이들의 존엄을 위한 투쟁은 곧 그들 자신의 존엄을 위한 투쟁을 떠올리게 했다.[35]

둘째, 도버해협을 두고 양쪽의 노예제 반대자들은 서로 다른 전략을 따랐다. 프랑스인들은 부당한 노예제를 즉각 종식시키려 했던 반면, 영국의 위원회는 점진적인 접근방식을 택했다. 그들은 우선 정부가 가장 명백한 불의인 대서양 횡단 노예무역을 중단할 것을 요구했다. 영국의 노예제 폐지론자들은 프랑스의 동지들만큼이나 노예제를 혐오했다. 그럼에도 그들은 반발을 줄이기 위해, 이미 농장에서 일하고 있는 노예들의 예속 상태는 일단 묵인하는 전략을 취했다. 영국인들의 전략은 보다 영리했다. 하지만 그들의 성공은 프랑스인들의 직진하는 태도에 빚지고 있었다. 파리 국민의회가 노예제 폐지로 도덕적 기준을 확립시켜놓았기에 이후 모든 나라가 그 기준을 시금석으로 삼을 수 있었다. 프랑스가 자신의 기준에 뒤처지고 있음은 그리 중요하지 않았다. 오히려 그 반대였다. 영국의 노예제 폐지론자들은 노예무역 금지의 이점을 내세우며, 대영제국이 이제 도덕적으로 우위를 점할 수 있다고 자부했다.[36]

무엇보다 영국은 나폴레옹과 전쟁을 하고 있었다. 그러니 노예의 일에 발 벗고 나섬으로써 애국심을 일깨울 수도 있었다. 정부도 이런 고려사항을 마냥 외면할 수는 없었다. 그리하여 1807년 3월, 제3차 나폴레옹전쟁이 한창이던 시기에 런던 의회에서 노예무역을 폐지하는 법안이 압도적인 다수표를 얻어 통과됐다.

그 이후 영국 해군은 노예 운송을 해적 행위와 동일하게 처벌했다. 대서양 횡단 노예무역을 감시하기 위해 창설된 함대는 수십 년간 갑판 아래 숨겨놓은 아프리카인 15만 명을 찾아내 해방시켰다. 영국이 바다를 지배했기에 세월이 흐르면서 노예무역은 씨가 말랐다. 도덕적 원칙이 경제적 이익을 누르고 관철되었던 것이다. 대영제국은 노예들이 혹사당하는 카리브제도에서 막대한 수익을 거두어들이고 있었으며, 19세기 초에 설탕과 노예무역은 그 어느 때보다 더 높은 이윤을 안겨주었다. 1805년 영국 무역의 약 5분의 1이 플랜테이션 농장의 산물로 이루어졌는데,[37] 이것은 현재 독일의 대외무역에서 자동차 산업이 차지하는 비중과 거의 일치한다.

여성들의 투쟁

이제 대영제국에서 노예무역은 불법이 되었다. 그러나 70만 명이 넘는 노예들이 여전히 플랜테이션 농장에서 일하고 있었다. 하지만 1824년 이후 몇 년간 설탕 불매운동이 이어지면서 전환점이 찾아왔다. 이번에는 여성들이 저항을 시작했다. 여성들은 전국에서 위원회를 조직하고 캠페인을 전개했다. 식료품 가게는 강제노동이 이루어지지 않는 플랜테이션에서 생산한 설탕을 광고했고, 시민들의 살롱에는 '노예가 만들지 않음'이라는 금빛 문구가 새겨진 설탕통이 유행했다. 노동자들의 식탁에는 사슬에 묶인 흑인들의 모습이 그려져 있는 설탕통이 놓여 있었다.

하지만 플랜테이션 농장주들은 포기하지 않았다. 그들은 '서

인도 이해집단West India Interest'이라는 강력한 로비단체를 결성했고, 카리브해 지역에서 인간의 예속을 기반으로 돈벌이를 하는 모든 이—상인, 은행가, 정치인, 플랜테이션 농장주들—가 이 단체를 중심으로 똘똘 뭉쳤다. 이들은 변화를 가능하면 늦추고자 했다. 이해집단은 오늘날 화석연료에 의존하는 기업들과 같은 전략을 따랐고 동일한 수법을 활용했다.[38] 그리하여 그들은 의회가 플랜테이션 노동자들의 어려운 형편을 인정하고 개선을 약속하는, 구속력 없는 결의안을 통과시키게끔 했다. 이해집단의 대표들이 다수를 차지하는 위원회를 구성했고, 언론 캠페인을 벌여 언론인들이 노예제 유지에 호의적인 목소리를 내도록 하는 한편 반대하는 사람들을 이념가나 선동가로 매도했다. 1826년의 한 풍자화에는 머나먼 야자수 섬에서 춤추며 행복해하는 노예들이 그려져 있고, 바다 건너 영국으로 보이는 곳에서는 가난한 사람들이 추위에 떨며 굶주리고 있다. 그리고 한 시민이 망원경으로 노예들의 생활상을 보려 하는데 헝클어진 머리를 한 목사가 망원경 렌즈 앞에 끔찍한 장면이 담긴 그림을 들이대고 있다.[39]

하지만 여성들은 이해집단의 선전이 계속적인 효과를 내지 못하도록 막았다. 더는 아무도 플랜테이션에서 실제로 벌어지는 일을 간과할 수 없었다. 이 주제는 여론을 주도했다. 계속해서 새로운 청원이 모든 노예를 즉각적으로 자유의 몸으로 풀어줄 것을 요구했으며, 점점 더 많은 시민들이 이 일에 힘을 실었다. 식민지 노예들도 많은 사람들이 자신들을 지지한다는 사실을 알고 있었다. 그리하여 1831년 자메이카에서 6만 명의 노예들이 파업에 들어갔다. 안타깝게도 이런 저항은 잔인하게 진압되었는데, 그것이 본국에서의 캠페인에 불을 지피는 계기가 되었다. 1833년 운동가들은 150만 시민의 서명을 런던 의회에 제출했다. 전례 없는 규모의 시민운동이었다. 청원 중 하나에는 35만 명의 여성이 서명을 했는데, 여성들이 서명한 종이를 연결해서 펼치면 약 반 마일(800미터)에 이를 정도였다고 한다.[40]

같은 해에 의회는 결국 굴복했다. 의회는 영국의 모든 식민지에서 노예제를 폐지한다고 선언했고, 과도기를 거쳐 80만 명의 노예가 자유의 몸이 되었으며, 노예 소유주들에게는 넉넉한 보상금이 주어졌다. 파리 국민의회가 1794년에 결의했던 바가 프랑스혁명이 있은 지 50년 만에 실현되었던 것이다. 자기 결정권이라는 기본권이 세계적으로 인정을 받게 되었고, 전 세계 다섯 개 대륙에서 노예제가 폐지되었다. 영국 국기가 휘날리는 모든 곳에서 어떤 인간도 더 이상 다른 인간을 소유물로 삼지 못하게 되었다. 노예무역 반대 캠페인과 설탕 불매운동은 결연한 시민들이 커다란 장애물에 맞서 어떤 일을 할 수 있는지 보여주었다.

도미노 블록 하나가 다음 블록을 쓰러뜨리듯 하나의 변화가 다른 변화를 불러온다. 영향은 종종 아무도 예상하지 못하는 전혀 다른 지역과 영역에서 나타난다—플랜테이션에서 노동하는 노예들을 위해 소수의 사람들이 결연하게 시작한 투쟁도 그러했다. 노예들의 권리를 위해 싸우는 과정에서 여성들은 자신들의 힘을 발견했다. 그들은 공적 역할을 떠맡기 시작했고, 올랭프 드 구주가 말했던 대로 '연단에 설 권리'를 요구했다. 그들은 평등의 원칙이 자신들에게도 적용되어야 한다는 사실을 깨달았다. 여성이 자제하고 소극적으로 물러서 있기를 요구하는 전통일수록 나쁜 전통이라는 것을! 노예 해방은 여성 해방을 가능케 해주었다.

더 나은 미래는 어떻게 가능한가

우리가 어떤 깨달음을 좇아 자신의 편안함을 물리치고 행동에 나설 때 "내면의 돼지개(슈바이네훈트Schweinehund)를 극복했다"는 말을 한다. 내면의 돼지개는 다소 점잖지 않은 느낌이긴 하지만, 우리 스스로가 변화를 얼마나 쓸데없이 힘들게 만드는지를 표현하는 말이다. 이는 다른 언어로 번역이 잘 안 되는 말로, 흥미로운 이야기를 담고 있다. 독자들은 '돼지개라니, 돼지 머리에 개 다리를 가진 괴물이 등장하는 신화가 있었나?' 하고 의문을 품을 것이다. 하지만 돼지개는 신화 속이 아니라 실제로 존재했다. 이 단어는 불도그처럼 멧돼지 몰이에 투입되는 싸움을 잘하는 사냥개를 일컫는 말이었고, 나중에는 공격적인 사람을 비유하는 말로 쓰였다.

'내면의 돼지개'라는 개념이 명시적으로 처음 사용된 것은 베를린 의회에서였다. 1932년 2월 23일, 어느 열띤 회의에서 젊은 사회민주당 의원 쿠르트 슈마허가 이렇게 외쳤다. "국가사회주의의 모든 선동은 인간 속에 있는 내면의 돼지개에게 지속적으로 호소하는 것입니다."[1] 의장은 그에게 자중하라고 소리쳤지만 슈마허는 굴하지 않았다. 그는 "국가사회주의는 독일 정치 최초로 인간의 어리석음을 남김없이 동원하는 데 성공했다"고 말을 이었다. 여기서 그가 말한 "내면의 돼지개"는 모든 인간 속에 도사리고 있다가, 거짓과 혐오발언에 의해 풀려나 자신을 해치는 힘을 말한다.

몇 주 뒤 국방장관이 이 말을 넘겨받아 다른 의미를 부여했다. 슐라이허 장군은 한 라디오 연설에서 "신체를 남다르게 단련하고 (…) 내면의 돼지개를 완전히 이겨낸"[2] 젊은 병사들을 칭찬했다. 슐라이허 장군에게 내면의 돼지개는 그저 의지박약의 상징이었다. 자신에게 엄격한 사람은 게으름을 이겨낼 수 있다는 주장이었다. 9개월 뒤 히틀러가 권력을 잡았고, 사람들은 의지의 승리가 중요하며 지성이 아니라 강경한 의지가 승리를 가져다준다는 메시지를 귀에 못이 박히도록 들어야 했다. 그렇게 "내면의 돼지개를 극복"하는 것이 독일 군인의 미덕이 되었다.

돼지개라는 말은 여전히 사용되고 있다. 다만 무엇을 비난받을 행동으로 보고, 무엇을 바람직한 행동으로 보느냐만이 달라졌다. 이제 누구도 더는 민족과 지도자들을 위해 마지막 피 한 방울까지 남김없이 바쳐 싸우는 걸 의무로 여기지 않는다. 오늘날 우리는 매일 조깅을 나가야지 굳게 결심해놓고도 소파에 앉아 감자칩만 먹고 있을 때 내면의 돼지개를 탓한다. 편안함이나 탐욕으로 인해 지구의 자원을 낭비하거나, 소셜미디어에서 악의를 그대로 분출할 때도 마찬가지다.

달라지지 않은 것은 우리가 스스로와 세상을 변화시키고자 할 때 사용하는 방식이다. 우리는 문제를 인식하고, 그 문제를 해결하겠다고 굳은 결심을 하는 것으로 충분하다고 믿는다. 따라서—제일 흔하게는 새해를 맞이하며!—이제 술을 좀 덜 마시고, 운동을 더 많이 하며, 일을 자꾸 미루지 않고 차근차근 해결하겠다고 결심한다. 그러고 나서 슐라이허 장군 때처럼 내면의 돼지개와의 싸움에 나선다. 오직 절제와 자기부정, 가히 초인적인 의지력으로만 승리할 수 있는 싸움이다. 승리할 수 있다면 말이다. 그러므로 첫 고비를 맞자마자 고통스런 싸움을 포기하는 것도 놀랄 일이 아니다.

우리는 다른 사람들이 진실을 잘 모를 수도 있음을 감안해준다. 이런 경우 그들에게 진실을 알리는 일을 우리의 고상한 의무로 생각한다. 동시대인들에게 일단 문제를 알려주고 나면 그들이 아는 바에 합당하게 행동해야 한다고, 그것이 그들의 도덕적 의무라고 본다. 그들이 그렇게 하지 않는다면? 알 만큼 아는데도 여전히 변하지 않고 예전처럼 사는 사람들을 보면 우리는 답답해한다. 의지가 약하거나 이기적이거나, 혹은 둘 다로 보인다. 어쨌든 내면의 돼지개를 이겨내지 못한 사람들로 보인다.

변화의 문화가 필요하다

인간의 나태함을 이기기 위해서는 단순한 의지력도 별 도움이 되지 않고, 강하게 밀어붙이는 것은 전혀 소용이 없다. 우리는 아직도 슐라이허 장군의 군대적 발상에 매여 있지만 이는 현실적이지 못하다. 내면의 돼지개가 있다면 그것은 잔혹함이 아닌 기지와 지성으로 극복할 수 있다. 그도 그럴 것이 오래된 습관일수록, 의식적인 의지와는 무관하게 실행되기 때문이다. 습관은 의도를 따르지 않고, 유발요인을 따른다. 습관을 바꾸고 싶지 않은 마음은 의지가 약해서 생기는 게 아니다. 뇌의 구조에서 비롯되는 것이다.

수천만 년에 걸친 진화의 영향은 간단히 지워버릴 수 없다. 그리하여 갑자기 뭔가 다른 것을 하라는 명령은 거부반응으로 이어진다. 자연스레 대립 전선이 굳어진다. 거부반응 뒤에는 확신보다는 무력감이 자리할 때가 많다. 이런 무력감은 굉장히 위험하다. 대중 선동가가 이를 이용해 미움과 파괴욕을 불러일으킬 수 있기 때문이다. 국가사회주의가 '내면의 돼지개'를 풀어놓고 있다고 목소리를 높였을 때 쿠르트 슈마허는 바로 이런 점을 우려했던 것이다.

해결책은 어디에 있을까? 변화에 신속하게 적응하는 능력을 타고난 사람은 아주 소수다. 자연은 인간을 안정적 환경에 적합하도록 만들었고, 이성도 그런 상태에 맞춰 프로그램돼 있다. 하지만 변화뿐 아니라 농업, 주택 건설, 도시 생활, 국가 수립, 적분법, 음악 같은 것 역시 우리 유전자 속에 프로그램돼 있지 않다. 문화가 이 모든 것들을 가능케 한다.

문화는 손에 잡히는 구체적인 성취물만을 뜻하지 않는다. 문화는 무엇보다 이성을 위한 도구상자다. 계속해서 발전하는 관념, 방법, 가치들의 체계로, 우리가 점점 더 복잡해지는 세상에서 살아남고 새로운 것을 만들어낼 수 있도록 해준다.[3] 망치가 맨손으로는 불가능할 초인적 힘을 낼 수 있게 해주듯, 문화는 우리의 사고, 감정, 판단을 넓히고 확장시킨다. 그렇게 문화는 점점 더 빨라지는 변화 앞에서 우리가 느끼는 무력감으로부터 우리를 해방시킬 수 있다. 우리는 오랜 신념이 현실과 모순될 때를 알아차리고, 습관과 결별하여 새롭게 출발할 수 있도록 돕는 정신적 무장을 필요로 한다. 우리에게는 변화의 문화가 필요하다.

아직 만연해 있는 군대식 사고에 따르면 모든 이는 자신의 돼지개를 홀로 극복해야 한다. 변화의 문화는 그런 것이 아니다. 그것은 깊고 커다란 변혁은 오직 함께할 때만 이루어낼 수 있음을 안다. 행동이나 태도를 바꾸려는 대부분의 시도가 좌절하는 이유는 우리가 부담을 홀로 짊어짐으로써 스스로에게 과도한 요구를 하기 때문이다. 그 누구도 혼자서 고층건물을 지을 수 없듯이, 삶의 방향을 새롭게 하기 위해 우리는 서로를 필요로 한다.

변화로 나아가는 4단계

변화의 문화는 이성이 새로운 것에 어떻게 반응하는지를 고려해야 한다. 앞선 장들에서 우리는 변화를 수월하게 하거나 어렵게 만드는 요인들을 살펴보았다. 변화의 문화는 이런 요인들을 진지하게 받아들이고 역사로부터 배운다. 그동안 사회가 겪어온 변혁은 똑같은 형태로 반복되지는 않지만 변화의 패턴을 보여준다. 이 같은 역사적 경험은 인간의 적응력을 보여주기에 우리에게 용기가 된다.

변화에는 네 단계가 필요하다. 첫 번째 단계는 사람들로 하여금 장기적 이익을 깨닫도록 하는 것이다. 이를 통해 사람들은 스스로를 더 이상 외부적 힘에 휘둘리는 장난감처럼 느끼지 않고, 자신의 동력으로 행동한다. 두 번째 단계는 습관에 대한 것이다. 즉 낡은 습관을 어떻게 더 유익한 루틴으로 대치할까 하는 문제다. 세 번째 단계에서는 전염효과를 통해 공동체 안에서 새로운 태도와 행동을 강화시켜가야 한다. 마지막 네 번째 단계는 커다란 차원에서의 변화를 도모하는 것이다. 여기서 중요한 것은 미래에 대해 우리가 하는 이야기, 그리고 기대들이다.

네 단계 모두 공동의 목표를 따르는데, 그것은 사람들이 변화를 수동적으로 경험하지 않고 능동적으로 일구어가야 한다는 것이다. 이제 네 단계를 하나씩 살펴보려고 한다. 각 사례들은 변화의 원칙들이 어떻게 실행에 옮겨지는지를 보여준다. 이 원칙들을 유일한 해결책이라기보다는 고무적으로 나아가기 위한 제안으로 받아들이면 좋겠다.

1단계: 결정능력 갖추기

변화의 문화는 결정의 자유를 중시한다. 사람들을 억지로 행복으로 데려가거나 교화시키려 하지 않는다. 이 문화는 이성을 믿을 용기를 지니고 있다.

변화의 문화는 사람들이 종종 자신의 유익에 반하여 비이성적으로 행동할 수 있음을 인정한다. 과거에는 사람들의 불합리한 행동이 무지에서 비롯된다고 보았다. 반면 변화의 문화는 불합리한 행동이 무지보다는 착각에서 비롯된 것으로 본다. 정보가 풍부한데도—혹은 정보가 풍부하기 때문에—이성이 착각을 만들어낸다는 것이다. 인터넷에서 우리는 생각할 수 있는 거의 모든 질문에 대해 풍부한 정보들을 만날 수 있다. 하지만 우리는 이미 언급한 지식과 인식 사이의 장애물을 넘지 못하고 좌절한다.

따라서 정보를 어떻게 다루어야 할지를 배우는 일이 시급하다. 오늘날 대부분의 정보는 디지털 형식으로 전달되는데, 연구에 따르면 독일인들은 디지털 형식의 정보를 다루는 데 굉장히 미숙하다.[4] 34개국의 8학년(중학교 2학년) 학생들의 디지털 역량을 비교한 결과, 독일 청소년의 40퍼센트가 '링크를 클릭하거나, 왓츠앱 메시지를 쓰거나, 인스타그램과 틱톡을 스크롤하는 것 이상의 능력은 거의 없음'이 드러났다.[5] 2018년부터 2023년 사이에 독일 학생들의 디지털 역량은 오히려 후퇴한 것으로 나타났다. 대부분의 학생들이 가짜 뉴스나 사기성 이메일을 식별하지 못하고, 신뢰할 수 있는 웹사이트에서 과제에 필요한 정보를 찾는 일에도 능숙하지 못하다(미국의 경우는 역량이 더 떨어지는 것으로 평가되었으며, 독일보다 역량이 심하게 하락하고 있는 것으로 나타났다).

반면 핀란드는 인터넷에서 허위정보를 찾아내는 법을 초등학교 때 배운다. 그리고 상급학교에서는 비판적 사고능력을 기르고, 통계를 올바로 이해하는 훈련을 받는다.[6] 핀란드의 학교들은 무엇이 참이고 무엇이 거짓인지 지식적 정답을 가르쳐주는 수업보다는, 아이들에게 그 차이를 스스로 알아차릴 수 있는 도구들을 알려주는 수업을 한다. 그렇게 정부는 다음세대를 조작과 선동으로부터 무장시켜주는 것이다. 결과적으로 이런 접근법이 옳았던 것으로 나타나고 있다. 핀란드의 학교 교육은 세계 최고 수준을 자랑할 뿐 아니라 성인 인구의 미디어 리터러시를 측정하는 국제비교 연구에서도 핀란드가 선두를 달리고 있다.[7]

이런 조치는 고무적인 시작이 될 수 있을 것이다. 하지만 인터넷은 우리가 착각에 빠지는 경향을 강화할 뿐, 우리가 착각을 잘하는 본래 원인은 우리 내면의 더 깊은 곳에 내재되어 있다. 외부에서 우리를 조작하는 메커니즘들을 간파하는 것보다 더 중요한 일은 우리의 이성이 스스로를 함정에 빠뜨리지 않는지 의식하는 것이다.

현실적이고 책임 있는 결정을 내리려면 명확한 사고를 할 수 있어야 한다.[8] 20세기의 심리학은 생각하는 것도 학습이 가능하다는 주장에 회의를 품었다. 당시에는 특정 과제를 해결하는 법을 배울 수는 있겠지만[9] 새로운 문제가 닥치면 인간의 정신은 다시금 편견과 오류로 흐려지리라고 보았다. 하지만 현재의 연구들은 낙관적 전망을 내놓고 있다.[10] 최근 연구들은 이성의 활용능력을 전반적으로 개선시키는 일이 가능함을 보여준다. 계몽은 효과가 있다.[11] 사람들은 자신들이 특정한 인지적 왜곡에 걸려들 수 있음을 알게 되는 즉시, 더 나은 결정을 내리는 것으로 나타났다.[12]

우리의 교육 시스템은 이런 사실을 무시하고 있다. 계속해서

표준화된 지식만 주입시킬 뿐이다. 정보가 넘쳐나는 세상에서 지식을 쑤셔넣기만 하는 것은 이제 중요하지 않다. 훨씬 더 중요한 것은 이성이 정보를 어떻게 다루는가를 아는 일이다. 거짓 정보가 넘쳐나는 시대에 스스로가 어떤 유혹과 기만에 걸려들 수 있을지를 의식하는 사람만이 이성적으로 행동할 수 있다. 자신의 느낌과 사고를 한 차원 높은 관점에서 생각하는 능력인 메타인지는 우리 시대를 살아가기 위한 핵심 능력이다. 그럼에도 이 중요한 능력을 교육과정에서 배울 수 없다니 안타까울 따름이다.

메타인지는 학습이 가능하다. 실생활에 근접한 예를 들어 알아듣기 쉽게 구체적으로 설명하면, 모든 사람들이 통계를 이해한다. 그리하여 확률적으로 사고하는 법을 익힐 수 있다. 복잡한 우리 시대의 문제들을 정확히 판단하기 위해 확률적 사고는 필수 불가결하다.[13] 오류를 피하는 법 역시 의도적으로 훈련할 수 있다. 특별히 프로그래밍된 비디오게임을 이용한 여러 연구는 이것이 가능함을 보여준다.[14] 참가자들은 게임에서 범죄에 연루되어 실종된 사람을 찾아내야 하는데, 이 사건을 해결하려면 편견 없는 사고를 해야 한다. 연구 결과 참가자들이 단 한 시간만 게임을 했는데도, 뒤이어 주어진 경영상의 문제를 더 잘 해결한 것으로 나타났다. 그 문제는 모니터 속 탐정의 과제와 전혀 다른 구조를 가지고 있었는데도 말이다. 긍정적인 효과는 장기간 지속되어, 실험에 참가한 지 3개월이 지났는데도 참가자들은 여전히 전략적 의사결정에서 뛰어난 능력을 보여주었다.

유치원부터 대학교까지 각 학교와 기업에서의 교육을 통해 이성이 판단을 내리는 메커니즘을 가르치고, 더 나은 결정을 내릴 수 있는 인지적 도구들을 마련해줄 수 있다. 이런 교육 프로그램을 시행하려면 비용이 들고, 단기간에 눈에 띄는 효과가 나타나기보다는 장기적인 효과를 기대해야 한다. 하지만 인간이 스스로를 파괴하는 편향에서 벗어나려면 교육 외에 다른 대안이 없다. 지금보다 훨씬 더 많이 인간에게 공을 들이고 투자해야만 우리 사회에 미래가 있다.

2단계: 습관을 대치시키기

통찰 없이는 변화의 의지도 생겨날 수 없다. 그러나 통찰만으로는 충분하지 않다. 통찰과 의지만으로 기계체조를 배우거나 노 젓는 기술을 개선할 수 있다고 믿는 사람은 없을 테다. 이런 배움과 개선은 오직 꾸준한 훈련을 통해서만 가능하다. 오랜 세월 굳어진 행동을 변화시키는 데도 호소만으로는 효과가 없다. 한 연구에 따르면 메시지가 이성을 겨냥하든, 양심에 호소하든, 이익을 강조하든 상관없이 지구와 자신의 지갑을 위해 전기를 아끼자거나, 육류 섭취를 줄이자거나, 자동차 운행을 좀 줄이자는 캠페인은 세심하게 준비되었다 해도 별 실효성이 없었다.[15] 사람들은 캠페인에 공감하며 그런 행동을 시도해보지만, 금방 원래의 루틴으로 돌아간다. 새로운 습관을 들이는 일도 쉽지는 않지만 그보다 더 어려운 일은 옛 습관을 버리는 것이다.

한 운동선수가 굳어진 운동 패턴을 깨뜨리려 한다고 치자. 이때 누군가의 뒷받침이 없으면 패턴을 바꾸기가 좀처럼 쉽지 않다. 트레이너의 계속적인 피드백과 격려가 필요하다. 처음에는 몸이 서툴게 움직일 것이므로, 트레이너가 근육을 어떻게 써야 하는지 계속해서 상기시켜주어야 한다. 그렇지 않으면 금방 옛 습관으로 돌아가버린다. 시간이 흐르면서 운동선수의 뇌가 트레이너가 하던 일을 넘겨받게 된다. 새로 배운 동작들이 더 유연해지고, 각별한 주의를 기울이지 않아도 자연스런 동작이 가능해진다. 운동선수는 산을 넘은 것이고, 바람직하지 못한 안정상태에서 바람직한 안정상태로 옮겨간 것이다.

습관을 바꾸는 것도 이와 비슷하다. 꼭 사람이 격려와 피드백을 해줘야 하는 것은 아니다. 병원 전광판이 집중 치료실 의료진에게 환자를 보러가기 전 손을 씻을 수 있도록 상기시켜준 예도 있다. 중요한 사실은 전광판이 잘못한 경우를 상기시키기보다 잘한 경우를 표시해주었다는 점이다. 그리하여 위생은 의사와 간호사들의 제2의 본성으로 굳어졌다. 마찬가지로 주택

거주자들에게 전기 절약 성과를 표시해주는 디스플레이도 효과가 좋은 것으로 나타났다.[16]

탄소 손자국Carbon Handprint도 긍정적 피드백 원리를 바탕으로 한 것이다. 탄소 손자국은 스칸디나비아 기업들이 도입한 환경 영향 측정법이다.[17] 잘 알려진 탄소 발자국이 특정 행동으로 인해 온실가스가 얼마나 방출되는지를 보여주는 반면, 탄소 손자국은 이미 달성한 온실가스 감축량을 표시해준다. 면죄부가 아니라 동기부여를 해주는 도구다. 추가적 개선을 통해 얼마나 더 온실가스를 감축할 수 있는지도 계산해준다.

탄소 손자국 같은 것이 더 많이 대중화되면 좋을 것이다. 식료품 포장마다 영양성분 옆에 이 제품을 생산하는 것이 환경에 어떤 영향을 미치는지 지표를 인쇄할 수도 있다.[18] 구내식당에 표지판을 세워 파스타를 먹는 행동 하나만으로도 쇠고기 스테이크를 먹는 것보다 지구에 50킬로그램의 이산화탄소를 덜 배출한다는 사실을 상기시킬 수도 있다.[19]

행동경제학에서 이와 비슷한 방법은 넛징Nudging(슬쩍 건드려주기)이라는 개념으로 알려져 있다. 넛징은 사람들이 특정 행동을 할 수 있도록 그 결정을 수월하게 만들어주는 것을 말한다. 가령 웹사이트에서 특정 버튼을 눈에 띄는 색으로 표시해 선택을 유도하기도 한다. 다만 넛징은 단기적으로만 효과를 내며, 매 선택에서 새롭게 유도해야 한다. 반면 여기서 제안하는 방법은 습관 자체를 변화시키고자 하는 것이다. 종종 무의식적으로 작용하는 넛징과는 달리 이 방법은 통찰과 변화의 의지를 전제로 한다.

습관은 의도가 아니라 유발요인에 의해 작동한다. 습관을 깨기 위해서는 많은 경우 새로운 연관이 도움이 된다. 가령 청소년들이 텔레비전을 보면서 정크푸드를 먹는 대신에 즐거운 분위기 속에서 건강한 아침식사를 먹게 한 결과, 프랑스 학교의 비만 학생 비율이 계속 줄어들고 있다. 또한 브라우저 확장 프로그램을 통해 특정 웹사이트 접속을 몇 초간 지연시키는 조치만으로도 이용자의 인터넷 이용습관이 대폭 달라진다.

인내와 현실적인 기대를 통해 고질적인 습관마저도 바꿀 수 있다. 하지만 도덕적 호소나 내면의 돼지개를 이겨내는 일만으로 세상의 문제를 더 빠르게 해결할 수 있으리라고 희망한다면, 어쩔 수 없이 실망하게 될 것이다.

3단계: 연쇄반응 준비하기

변화는 비약적으로 일어난다. 관성, 피드백 효과, 불안정성, 임계점 등이 합쳐져 갑자기 다른 상태가 등장한다. 사람들은 자신의 태도와 행동으로 서로를 전염시키고, 이것은 예기치 못했던 변화를 가능케 한다.

1940년대 후반, 흡연의 위험성이 입증된 뒤에도 40년간 아무런 일도 일어나지 않았다. 이미 살펴보았듯이 니코틴과 타르의 끔찍한 폐해가 알려진 후에도 담배 소비는 더 증가하기까지 했다. 하지만 그다음 전환은 빠르게 이루어졌다. 1985년부터 1990년 사이에 미국의 공공장소에서 담배가 사라졌고, 2005년부터 2010년 사이에는 유럽에서도 사라졌다. 눈사태가 일어나기 시작했던 것이다. 눈사태는 연쇄반응이다. 충분한 눈이 쌓인 상태에서 작은 눈덩이가 미끄러지면, 그 눈들은 이웃한 눈덩이들을 함께 데리고 간다. 이 눈덩이들은 그때까지 단단히 뭉쳐 있던 다른 눈들도 떼어내어 마침내 산비탈 전체가 움직이게 된다. 그렇게 시스템은 급작스럽게 행동을 변화시키는 것이다. 눈사태는 거의 예측할 수 없다. 비탈의 경사도, 기온, 바람, 눈 결정의 형태 등 많은 요인들이 연쇄반응이 유발되고 확산될 수 있는지를 결정한다.

사회 변화도 마찬가지다. 인간은 눈 결정보다 훨씬 더 복잡하기 때문에 그 반응을 예측하기가 더욱 어렵다. 그러므로 한 조직이나 심지어 한 나라 전체를 순식간에 바람직하게 바꾸어놓겠다고 약속하는 공약은 수포로 돌아가기 십상이다. 태도들이 어떻게 변할지 예측하는 것조차 불가능하다. 학계를 선도하는 사회과학자들을 100개 팀으로 나누어 1년 뒤 미국인들이 성평등과 인종차별에 대해 어떤 태도를 보일지, 삶의 만족도와 정치적 양극화, 이념적 시각이 어떻게 달라질지 예측해보도록 한 결과, 상당히 실망스런 결과가 나왔다. 적중률이 주사위를 굴렸을 때보다 더 낫지 않았던 것이다.[20]

그럼에도 연쇄반응의 역학은 세 가지 중요한 추론을 가능케 한다. 첫 번째로 사회 변화가 물리학적 연쇄반응과 유사하다는 점은 우리에게 인내를 요구하는 동시에 희망을 불러일으킨다. 변화가 일어날 것 같지 않다고 해서, 정말로 일어나지 않는다는 뜻은 아니다. 눈이불은 서서히 만들어진다. 눈사태가 일어나기 전에 임계질량이 모여야 할 뿐 아니라, 결정의 구조도 달라져야 한다. 이런 과정은 깊이 숨겨진 층에서 일어나며 이 과정들이 있어야 이후의 연쇄반응이 가능해진다. "영향력을 미친 모든 운동의 성공 비결은 변화의 순간을 대비하는 데 있음을 보여준다"라고 영국의 환경운동가 조지 몽비오는 썼다.[21] "변화의 순간은 예기치 않게 올 수 있다. 한 세대 내내 그저 준비하고, 논거를 만들고, 이야기를 하고, 후세대가 진정한 변화를 일굴 순간을 위해 캠페인을 조직하는 일만 해야 하는 경우도 있다."

두 번째로 연쇄반응의 역학은 사회 변화를 위해 중요한 임계적 현상을 분석할 수 있게 해준다. 그리하여 눈사태를 위한 임계질량을 가늠할 수 있다. 새로운 패턴이 전 사회에 자리잡으려면 인구의 어느 정도가 태도나 행동을 바꾸어야 할까? 그 역치는 놀라울 정도로 낮다. 실증 연구와 이론적 시뮬레이션은 한 집단 구성원의 17~30퍼센트만 바뀌어도, 이들이 다수의 생각에 영향을 미쳐 지속적인 변화를 이끌어낼 수 있음을 보여준다.[22] 가령 한 조직의 리더층에 이 정도 비율이 여성으로 채워지면, 여성이 그런 위치에 오르는 일이 평범한 것으로 인식된다.

"인구의 5분의 1을 근본적으로 변화시키는 것이 어디 쉬운 일인가요? 그런 목표는 비현실적인 것이 아닐까요?"라는 반론이 나올지도 모르겠다. 가령 독일에서 자원을 절약하는 식습관을 표준적인 식습관이 되게 하려면, 무려 2000만 명이 고기를 거의 먹지 않게끔 해야 한다. 이것은 불가능해 보인다. 하지만 우리는 이런 딜레마에서 벗어나는 길을 알고 있다. 눈사태가 아주 넓은 면적에서 시작되는 경우는 없다, 눈사태는 거의 언제나 아주 작은 부분에서 일어난다. 부분적으로 눈이 한번 미끄러지면, 그 눈이 다른 곳의 눈도 함께 휩쓸어간다. 모든 곳에 널려 있던 담배 역시 처음에는 애리조나 스코츠데일의 거리에서만 찬밥 신세가 되었을 뿐이다. 이후 차츰 다른 소도시들이 따라왔고 나중에는 대도시들과 연방주, 그리고 전국으로 확산되었다. 그도 그럴 것이 공동체가 작을수록 역치에 도달하기가 수월하고 다른 집단의 본보기가 될 수 있기 때문이다.

다른 변화에서도 이런 역학이 나타난다. 스웨덴과 미국의 연구에 따르면 주택 소유자는 이웃이 열펌프 같은 효율적인 난방

시스템이나 태양광 모듈을 사용할 때 비로소 자신도 이런 설비를 마련할 용의가 있다고 한다. 이웃이 새로운 기술을 사용하면 거기서부터 그 기술이 인접한 동네로 계속 확산되는 것이다.[23]

운동가들은 전 세계를, 혹은 최소한 자신의 나라 전체의 변화를 기치로 내거는 경우가 많다. 하지만 진정 변화를 원한다면 우선은 섬들을 많이 만드는 편이 더 유리하다. 인구가 작은 공동체들로 나뉘어 있을 때 새로운 규범이 수월하게 자리잡을 수 있다. 종종은 그것이 새로운 규범이 자리잡기 위한 필수 조건이다.[24] 개별적 집단이 새로운 생각이나 행동을 받아들이자마자, 연쇄적으로 새로운 집단들이 그에 전염될 가능성이 높아진다.

셋째, 연쇄반응의 역학은 '나 하나가 무슨 영향을 끼칠 수 있겠어' 하는 마음은 그르다는 사실을 보여준다. 올랭프 드 구주는 자신의 생각을 다른 사람들에게 전염시키는 방법으로, 여성이 시민권을 얻고 노예가 자유를 얻게 하는 데 기여했다. 베티 칸스는 자신과 생각을 같이하는 사람들을 찾아나가는 방식으로 세상을 담배 연기로부터 해방시켰다.

좀 더 일상적인 예로, 투표를 앞두고 우리는 이런 생각을 한다. '수천만 표 중 하나일 뿐인데, 내 한 표가 무슨 소용이 있겠어.' 하지만 이런 회의는 모든 이의 행동이 전염을 통해 배가된다는 사실을 간과하는 것이다. 미국의 사회학자 제임스 파울러와 니컬러스 크리스타키스가 입증했듯이, 선거에서 한 사람의 결정은 최대 100명에게 파급효과를 미친다. 가족과 친구들뿐 아니라 도미노 효과를 통해 그들의 친구들에게도 영향을 미치는 것이다.[25] 한 집단이 똘똘 뭉쳐 모범을 보일 때 그 효과는 더 크다.

그리하여 연쇄반응의 역학은 7장에서 살펴보았던 딜레마에 뜻밖의 대답을 제공해준다. 기후를 위해 꼭 필요하지 않은 비행을 포기해야 할까? 나 하나가 비행기를 타지 않는다고 유해물질 배출에 무슨 큰 영향이 있겠는가 싶은데도? 이런 질문에 대한 대답은 포기해야 한다는 것이다. 다른 사람들은 아랑곳없이 비행기를 탈지라도 말이다. 내가 비행기를 탈 것이냐 타지 않을 것이냐 하는 결정이 다른 사람들에게 영향을 미치기 때문이다. 그런 결정은 사회의 기준을 변화시킨다. 삶의 토대를 파괴할 것인가, 보존할 것인가는 우리의 행동 기준에 달려 있다.

4단계: 좋은 이야기를 하기

"배를 건조하는 것은 밧줄을 꼬거나, 못을 단조하거나,
별자리를 읽는 것이 아니다.
그것은 인간에게 바다에 대한 동경을 심어주는 것이다."[26]

— 앙투안 드 생텍쥐페리

영국 작가 줄리언 반스는 작가 귀스타브 플로베르에게 실제로 일어났던 사건들을 바탕으로 서로 상반된 두 편의 전기를 쓴 적이 있다. 첫 버전의 전기에서 플로베르는 프랑스 문학의 빛나는 인물이자 파리 사교계의 총아로 등장하고, 두 번째 버전에서는 실패한 예술가이자 인간 쓰레기로 그려진다.[27]

사람들은 이야기를 하고, 더 나아가 이야기 속에서 살다시피 한다. 우리는 삶의 방향을 잡기 위해 이야기를 필요로 한다. 어떤 사실들을 정리하고자 할 때 그럴듯한 서사를 찾으려 한다. 우리가 경험한 것이 우리가 알고 있는 세계와 부합하는가? 그것이 논리 정연한가? 그것이 우리가 좋은 이야기에 대해 기대하는 대로 전개되는가? 사실들은 우리에게 정보를 주지만, 사실이 의미를 지니려면 이야기 형식으로 제시되어야 한다. 그럴 때에야 우리에게 행동의 동력을 제공할 수 있다. 하지만 같은 사실이라도 서로 다른 이야기로 직조될 수 있다.

표현의 뉘앙스가 우리가 사실을 어떻게 받아들일지에 영향을 주고, 그로써 우리의 행동에 영향을 준다. 규칙적으로 운동하면 질병이 예방된다는 건 의심할 바 없는 사실이다. 그럼에도 운동이 건강을 개선시킨다는 사실을 상기시키는 것과 운동이 부족하면 비만이나 당뇨, 심근경색이 발병할 확률이 높아진다는 사실을 경고하는 것은 약간 다른 일이다. 우리가 이익과 손실 전망을 서로 다르게 평가하기 때문이다.

뇌는 능동적인 행동을 보상과 연결시키고, 회피나 도피는 위험에 대한 방어와 연결한다. 이런 반응은 중뇌 깊숙이에 자리잡고 있어서 의식적인 사고에는 잡히지 않는다. 한편으로 두려움은 보상에 대한 기대보다 더 주의력을 불러일으키지만, 다른 한편으로는 사람을 마비시킨다. 두려움은 우리가 특정 행동을 하지 않도록 해주지만, 주도권을 발휘하거나 습관을 바꾸게 하지는 못한다. 운동을 하면 건강이 좋아진다는 첫 번째 메시지가 운동을 하지 않으면 여러 질병에 걸린다는 두 번째 메시지보다 더 많은 사람들을 운동하게끔 만드는 이유다.[28]

우리가 지금 미래에 대해 하는 이야기는 두려움으로 점철된 시나리오다. 전쟁, 환경재앙, 경제와 민주주의 몰락—텔레비전은 매일같이 종말론적 풍경을 보여주고, 온라인매체는 시시각각 끔찍한 뉴스들을 쏟아낸다. 이런 물결에 휩쓸리지 않기는 힘들다. 운동가들도 두려움을 불러일으킨다. 그들은 기후위기의 면전에서, 석유와 석탄을 연소하는 것을 곧장 중단하지 않으면 지구는 불타는 지옥으로 변하리라고 경고한다. 땅이 사막으로 변하고, 수십억 명이 굶어죽게 될 것이며, 극지방의 빙하가 녹고, 해수면이 상승해 땅이 물에 잠길 거라고 겁을 준다. 지구 문명의 붕괴를 마지막 순간에 막기 위해서는 단 한 가지 길밖에 없다고, 우리가 지금까지 살아오던 삶을 포기해야 한다고 강조한다. 지금까지의 편안하고 안전한 삶을 잃어버리게 될 것이라며, 허리띠를 졸라매는 일은 힘들지만 우리 자신과 지구를 구하기 위해 더 이상 다른 선택지가 없다고 목소리를 높인다.

이런 메시지는 일시적으로 관심을 끈다. 하지만 별 효과를 나타내지 못한다. 두려움은 분노 혹은 마비 상태를 만들어내고, 미래에 대한 비전은 제공하지 못하기 때문이다.[29] 두려움은 습관과 사고를 변화시키지 못한다. 가슴이 서늘해지고 놀라기는 하지만, 그런 일이 반복되다 보면 무뎌지기 마련이다. 진화과정에서 두려움은 맹수 같은 단기적이고 구체적인 위험에 대한 자동적인 반응으로 생겨났다.[30] 하지만 오늘날 우리는 장기적이고, 거의 구체적으로 그려지지 않는 위험에 처해 있다. 그런 위험에 어떻게 대처해야 할지 자연은 우리를 미리 준비시키지 않았다.

기후변화로 말미암아 우리가 처한 변화에 대해 이런 이야기를 할 수도 있을 것이다. 석유, 가스, 석탄은 인류에게 많은 도움이 되었다. 이들 덕에 산업국가에서는 역사상 유례없는 번영을 이루었다. 그러나 이제 그것들과 결별할 때가 되었다. 우리는 석유와 가스 관련 기업들에게 의존해 그들의 횡포를 견디며 살아가고 있다. 하지만 우리는 자유롭고 안전하게 살고 싶다. 우리의 아이들에게 살 만한 미래를 물려주고 싶다. 태양과 바람을 이용해 우리는 더 안전하고 더 저렴하게 에너지를 생산할 수 있다.

계속하여 이렇게 이야기할 수 있을 것이다. 에너지를 전환하는 데에는 물론 돈이 많이 든다. 하지만 비용을 적절히 분배하면 충분히 감당할 수 있다. 게다가 우리는 이미 부유한 나라의 경우 물질적 부가 더 늘어난다고 하여 시민들이 더 행복해지는 것이 아니라는 사실을 알고 있다.[31] 그러므로 지구에 부담을 덜 주는 경제로의 불가피한 전환은 기회로도 작용할 수 있다. 소비를 더 이상 늘리지 않거나 나아가 줄이는 사람은 자원을 더 적게 소비하게 될 뿐 아니라, 행복에 진정으로 도움되는 활동을 할 자유도 얻게 된다.[32] 더 친환경적인 라이프스타일로 옮겨가는 것은 자신에게도 유익하다.[33]

미래 세계에 대한 이런 이야기는 많은 기후 활동가들이 들려주는 암울한 묘사보다 극적인 요소는 덜하다. 하지만 이런 묘사도 타당하고 진실되며, 무엇보다 훨씬 더 용기를 불러일으킨다. 이런 묘사는 사람들을 체념이 아니라 행동으로 인도한다. 인공지능의 발달이나 사회의 초고령화 같은 다른 변화들 역시 몰락의 시각으로 이야기할 수도 있지만, 새 출발을 고무하는 이야기로 그릴 수도 있다.

우리가 어떤 시각을 취할 것인가는 결코 사소하지 않다. 우리가 지금 어떤 시각을 취하느냐에 따라, 미래를 그냥 견딜지 혹은 미래를 적극적으로 만들어 나갈 수 있을지가 결정되기 때문이다. 두려워하는 사람은 굳어버리지만 자신이 원하는 바를 아는 사람은 목표를 향해 나아가게 된다. 변화의 문화는 세상을 장밋빛으로만 그리지 않는다. 위험도 언급한다. 하지만 위험은 끝이 아니라 이야기의 출발점이다. 그리고 그 이야기는 '우리는 어떻게 살고 싶은가?' 하는 질문으로 이어진다.

희망의 진정한 의미

부유한 나라에 거주하는 굉장히 많은 시민들이 절망하고 있다. 사회는 빈부 격차가 점점 더 커져서 부자는 부를 주체할 수 없을 정도가 되었다. 새로운 디지털매체를 통해 혐오발언과 뻔뻔한 거짓말들이 확산되고 있다. 점점 더 많은 사람들이 전쟁과 환경재해로 인해 살던 곳을 등지고 다른 지역으로 피난하고 있다. 그들은 자신의 자녀들이 살 만한 세상에서 살게 되리라 믿지 않는다. 많은 사람들이 체념하고 있다. 어떤 사람들은 이데올로기로 도피하거나 단순한 해결책을 들먹이며 좋았던 시대로의 귀환을 약속하는 선동가들을 추종한다. 낙담한 자들은 희망의 의미를 오해하고 있다. 희망은 모든 것이 잘되리라는 기대가 아니다. 희망은 미래가 열려 있음을 인정하는 것이다. 희망하는 사람은 첫째로 인간은 앞날을 부분적으로만 예견할 수 있으며, 둘째로 다가올 일에 영향을 미칠 수 있음을 알고 있다. 희망하는 사람은 세상이 아직 끝나지 않았음을 믿는다.

미래가 정해져 있다고 생각하는 것은 참으로 오만한 일이다. 이런 생각이 오늘날만큼 더 오만한 시대가 또 있었을까. 이렇게 많은 사람들이 이렇게 많은 가능성을 가진 시대는 전에 없었다. 인류가 이렇게 방대한 지식을 가진 시대도 전에 없었다. 숨 막히는 속도로 발전하는 기술은 이전 문화에서는 신이나 가능하다고 여겼을 법한 힘을 우리에게 부여해준다.

우리는 특별한 시대를 살아가고 있다. 현재 상황의 특징은 불안정성이다. 불안정성에는 예측 불가능성이 따르지만, 그렇다고 상황이 필연적으로 더 악화된다고는 할 수 없다. 우리의 기대보다 더 좋게 전개될 수도 있다. 알 수 없는 일이다. 그리하여 염세주의는 도덕적으로 보나 지적으로 보나 우리의 선택지가 아니다. "희망이란 (…) 뭔가가 잘될 것이라는 확신이 아니다. 희망은 결과가 어떻게 되든 상관없이 뭔가를 시도하는 것이 옳다는 확신이다."[34] 1986년 극작가 바츨라프 하벨이 인터뷰에서 이렇게 말했을 때, 그는 프라하 정권에 단호하게 저항하다가 세 번이나 장기간 감옥신세를 진 뒤였다. 3년 뒤 평화로운 혁명이 일어나 공산 통치가 무너지고 하벨이 자유 체코슬로바키아의 초대대통령이 되리라고는 당시 아무도 상상하지 못했다.

이 책에서 우리는 변화를 이루기 위해 무엇이 필요한지를 살펴보았다. 중요한 것은 더불어 함께 행동하는 것이다. 우리가 서로 격려하고, 올바른 가치에 따라 살도록 서로를 북돋울 때 새로운 행동과 신념은 잘 정착된다. 변화의 문화는 동기와 정보에 바탕해 이루어지며, 앞서가는 사람들과 뒤따라오는 사람들의 간극을 뛰어넘는다. 변화의 문화는 자신의 습관과 잘못에 대한 부끄러움, 미래에 대한 불안을 덜어준다. 변화의 문화는 우리로 하여금 작은 성공들과 새로운 것을 시도할 때 누리는 유익을 경험하게 해준다. 또한 우리가 지구상에서 가장 협력적이고, 가장 영리하며, 가장 아이디어가 많고, 적응력이 뛰어난 존재라는 자부심을 느끼게 해준다.

우리는 위험에 처해 있다. 하지만 인류는 아직 기후변화와 인공지능 같은 실존적 도전들을 극복할 수 있는 모든 수단을 가지고 있다. 우리는 오랫동안 현실감각이 결여된 채로 살았고, 변화를 피하고자 했다. 이제 최선을 다해 새로유 미래에 마음을 열어야 하지 않을까?

주

1부 우리의 뇌는 모순적이다

1 체르노빌과 후쿠시마 원전사고 이후에도 동일한 현상이 관찰되었다. 2021년 7월 아르탈에서 일어난 참혹한 홍수 이후에도 어느 정도는 그랬다. 체르노빌에서는 위험에도 굴하지 않고 죽음의 땅으로 돌아가 거주하는 사람들을 사모셜르(Samosely)라고 부른다. '자의로 정착한 사람들'이라는 뜻이다.

2 Aiken und Keller 2009.

3 870만 명이다. Vohra 외 2021.

4 Hertig 외 2023.

5 Stephens 1854.

6 Medina-Elizalde und Rohling 2012; Kennett 외 2012; Evans 외 2018.

7 아직 그리 분명하지는 않았지만, 기후위기에 대한 최초의 징후들은 이미 있었다.: Hodell, Curtis, und Brenner 1995; Gill 2000; Haug 외 2003.

8 Weiss 2017; Cook 외 2022.

9 Evans 외 2018; Haug 외 2003.

10 Cook 외 2012; 2022.

11 McIntosh 2007; Farmer, Sproat und Witzel 2004; Mithen und Black 2011; McIntosh 2007.

12 Tainter 1988.

13 Maier 1968.

14 Tainter 1988.

15 https://www.economist.com/finance-and-economics/2023/08/17/the-german-economy-from-european-leader-to-Laggard.

16 Vogel und Hickel 2023.

17 UNDP 2022.

18 https://futureoflife.org/wp-content/uploads/2023/05/FLI_Pause-Giant-AI-Experiments_An-Open-Letter.pdf; siehe auch Russell 2020.

19 Strauss 2023.

20 UNDP 2022.

21 Acemoglu 2021.

22 Orlowski-Yang 2020.

23 사실 그 비율은 더 안 좋은데, 20세에서 67세 사이의 모든 사람이 돈을 버는 게 아니기 때문이다.

24 Kaltenberg, Jaffe und Lachman 2023.

25 EU 집행위원회 2024.

26 https://de.statista.com/statistik/daten/studie/36408/umfrage/durchschnittliche-neuwagenpreise-in-deutschland/

27 전기자동차가 구입 비용은 좀 더 높지만, 연간 1만 5000킬로미터 정도의 평범한 수준으로만 달려줘도, 5년이 지나기 전에 구입 비용이 상쇄된다. »Kostenvergleich: E-Auto, Benziner oder Diesel?« 2023.

28 같은 해인 2023년에 그보다 조금 먼저 이루어진 다른 실험을 알면, 그리 놀랍지도 않다. 당시 독일 연방환경청의 새로운 자료는 고속도로에서 속도 제한정책을 실시하면 이산화탄소를 지금까지 예상했던 것보다 거의 세 배 더 절감할 수 있음을 입증했다. 그리하여 인터뷰어들은 표본집단으로 선정된 독일인들에게 이 새로운 자료의 내용을 알려주었다. 하지만 대부분의 사람들은 미지근한 반응을 보였다. 소수만이 속도 제한에 대해 긍정적인 반응을 보였는데, 이들은 다른 사안에서도 기후를 위해 행동을 바꿀 의향이 있다고 답했던 사람들이었다. 다음을 참조하라. https://projekte.uni-erfurt.de/pace/topic/special/70-tempo/.

29 Dechezlepretre 외 2022.

30 Lorenz-Spreen 외 2023.

31 Przybylski und Weinstein 2017; Twenge und Campbell 2018; Twenge 2019; Pandya und Lodha 2021; Haidt 2024.

32 Engels und Grunewald 2017.

33 https://www.bitkom.org/sites/default/files/file/import/Bitkom-Charts-PK-Datenschutz-22092015-final.pdf.

34 Acquisti und Gross 2006.

35 Nolt 2011. (최근의 추정치는 다음을 참고하라. Carleton 외 2022.) 이제 어떤

사람들은 기업들이 개인보다 더 큰 피해를 야기한다고 이의를 제기할지도 모른다. 하지만 꼭 그렇게 볼 수는 없다. 산업으로 인한 배출량은 생산된 상품에 귀속시킬 수 있기 때문이다. 경제가 무엇을 만들어내든, 그것은 결국 소비자 한 명 혹은 여러 명에게 이익이 된다. 육식을 하는 사람이 자신은 동물의 죽음과 아무 관련이 없다고 주장할 수 없는 것과 같다.

2부 변화를 방해하는 7가지 착각

1 Festinger, Riecken, und Schachter 1956.
2 FitzGerald, Dolan und Friston 2014; Friston 2018; Clark 2019; Yon, Heyes und Press 2020.
3 https://www.youtube.com/watch?v=QbKw0_v2cl.
4 Wittgenstein 2003.
5 12세기에 지어진 쿰바코남의 아이라바테스와라 사원을 장식하는 부조다.
6 자이언스는 1876년 라이프치히에서 출판된 《미학의 예비학교》라는 책을 언급했는데, 이는 심리물리학자 구스타프 페히너의 책이다. 페히너는 이 책에서 서로 다른 문화권의 사람들이 왜 그토록 상이한 미적 판단을 내리는지를 고찰했다.
7 Zajonc 1968.
8 Frederick und Loewenstein 1999.
9 Rajecki 1974.
10 Monahan, Murphy und Zajonc 2000.
11 Montoya 외 2017.
12 나는 2002년에 출간한 책에서 이 주제에 대해 상세히 논한 바 있다. 그 책에 인용한 문헌을 참조하라.
13 Sarason und Spielberger 1975; Panksepp 1998; Boyd 2020.
14 Boyd 2020; Arenas und Mazanedo 2020; Klein 2002.
15 Hunter und Schellenberg 2011.
16 Ladd und Gabrieli 2015.
17 Winkielman und Cacioppo 2001.
18 Reber, Winkielman und Schwarz 1998.
19 Whittlesea 1993.

20 방해 과제를 통해 뇌의 신호 처리를 지연시켜서 익숙한 자극과 낯선 자극이 동일한 속도로 처리되도록 하면, 더 이상 단순노출효과가 나타나지 않는다(Leynes und Addante 2016).

21 James 1899.

22 Yin und Knowlton 2006; Wood 2017.

23 Dickinson 1985.

24 Neal 외 2011.

25 Armitage 2005.

26 Stables 외 2002.

27 Quinn 외 2010; Wood und Rünger 2016.

28 Disenis und Bellenoux 2010; Borys 외 2013.

29 https://www.statista.com/statistics/270229/usage-duration-of-social-networks-by-country/.

30 Grüning, Riedel und Lorenz-Spreen 2023. 해당 앱은 다음에 소개되어 있다. https://one-sec.app/

31 Armellino 외 2012.

32 Platon 2021. 그리스어 원문에는 올바른 행동을 ἀρετή(아레테)와 ἀρεταῖος(아레타이오스)라는 단어로 표현했다. 이 단어들은 다소 예스런 개념인 '덕' 혹은 '덕스러운'이라는 말로 번역되는데, 상황에 적절하면서도 도덕적으로 정당한 행동을 말한다.

33 https://de.statista.com/statistik/daten/studie/109763б/umfrage/zukunftserwartung-fuer-kuenftige-generationen-in-deutschland/.

34 이것은 또다시 거의 모든 유럽 국가들보다 높은 수치이다. 2019년 11월 베텔스만재단 설문조사. https://eupinions.eu/de/text/the-optimism-gap.

35 Kuper-Smith 외 2021; Debbeler, Schupp und Renner 2021; Sharot 2014.

36 M. W. Gallagher, Lopez und Pressman 2013; Sharot 2011.

37 Sharot, Korn und Dolan 2011.

38 Pronin, Gilovich und Ross 2004.

39 McKay und Dennett 2009.

40 Johnson und Fowler 2011.

41 Gifford 외 2009; Schultz 외 2014.

42 https://www.guvh.de/presse-medien/artikel/2020/02/kugelschreiber.php.

43 Hertwig und Wulff 2022.

44 Hallmann 외 2017.

45 van der Heiden, 2023; Watts 외 2021.

46 Hebra 1847.

47 Nevins 2011.

48 Sharot 2017.

49 보다 자세한 것은 다음을 참조하라. Sharot 2017.

50 Ecker 외 2022.

51 Kappes 외 2020.

52 R. Gordon 2008.

53 Greenwald 1980.

54 Campbell und Kay 2014.

55 Nuland 2003.

56 Godlee 1924.

57 Gintis 2009b; 2009a.

58 2010년에 쓴 책에서 이에 대해 자세히 살펴보았다.

59 Bursztyn 외(2023)는 이용자들이 단순히 그들의 행동에서만이 아니라, 일반적으로 사회적 네트워크에 갇혀 있다고 주장한다.

60 European Investment Bank 2020.

61 Newell, Daley und Twena 2022.

62 Gore und Alestig 2020.

63 Datenreport 2013-Ein Sozialbericht für die Bundesrepublik Deutschland WZB« 2013; Wurthmann 2022.

64 Inglehart 2015.

65 Klein 2002; 2018.

66 Delhey 2010.

67 https://www.kba.de/DE/Statistik/Fahrzeuge/Bestand/bestand_node.html.

68 유일하게 주목할 만한 감소는 팬데믹 기간 동안에만 관찰되었다. Grömling 2021.

69 Becker, Gerding und Popp 2014.

70 Klein 2002; 2018.

71 Bursztyn 외 2023.

72 Sauer 2023.

73 European Investment Bank. 2020; https://www.eib.org/en/surveys/2nd-climate-

survey/index.htm.
74 Nemet und Johnson 2010; Graham 외 2019; Rapeli und Koskimaa 2022; Bardsley 외 2022.
75 Chaikumbung 2023.
76 Hornsey 외 2016.
77 Machiavelli 1986.
78 Pendergrast 2000.
79 Oliver 1987.
80 Kahneman, Knetsch und Thaler 1991; Gilovich, Griffin und Kahneman 2002.
81 Samuelson und Zeckhauser 1988.
82 Schulte 2021.
83 Carmon und Ariely 2000.
84 Klein 2002.
85 Sharot 2017.
86 행동경제학은 이런 경우를 '현상 유지 편향(Status Quo Bias)'이라고 부른다. 이는 소유효과와 비슷하다.
87 Green und Myerson 2004. Raby, Alexis, Dickinson und Clayton, 2007. Addessi, Paglieri und Focaroli, 2011.
88 Edgerton 1994.
89 Bailey und Aunger 1989.
90 McKie 2016.
91 IRENA 2023.
92 Palzer und Henning 2014.
93 슈테른 보고서는 재생에너지 사용 시 필요한 투자 비용을 화석연료에 기반한 에너지 공급을 유지했을 때와 비교해, 국민경제적으로 얼마만큼의 비용 절감 효과를 누릴 수 있는지를 제시했다. 이것은 그 수치를 바탕으로 계산한 것이다.
94 Bundesrechnungshof 2024.
95 Dubow und Childs 1998.
96 Lang, Weir und Pearson-Merkowitz 2021.
97 Börjesson, Eliasson und Hamilton 2016.
98 이번 장은 부분적으로 내가 2018년 〈차이트〉 22호에 '이데올로기는 어떻게 생겨나는가'라는 제목으로 기고한 칼럼을 토대로 했다.

99 Asch 1951.

100 Zmigrod 2022.

101 Pfündel, Stichs und Tanis 2021.

102 Weber 2019; Wagner 외 2006; »Jahresgutachten Migration und Integration« 2004; 2003; Dylong und Uebelmesser 2024.

103 https://www.zeit.de/wirtschaft/2023-11/migration-fachkraeftemangel-pull-faktoren-asylpolitik/komplettansicht
https://www.tagesschau.de/wirtschaft/wirtschaftsweise-schnitzer-zuwanderung-fachkraefte-100.html.

104 Infratest Dimap 2024.

105 Henrich 2017.

106 Dorling 2016.

107 Carnes und Lupu 2017; Maniam 2016.

108 NBC News 2024; Wolf 외 2024.

109 Adorno 1973.

110 Hatemi 외 2014.

111 Zmigrod, Rentfrow und Robbins 2018; Zmigrod und Tsakiris 2021; 2021; Zmigrod 외 2021.

112 정답은 사과다

113 NBC News 2024.

114 Zmigrod und Tsakiris 2021; Rollwage, Dolan und Fleming 2018.

115 Zmigrod, Rentfrow und Robbins 2018; Zmigrod 외 2021; Grover 2021.

116 Uddin 2021; Braem und Egner 2018.

117 Németh 외 2024.

118 M. J. Brandt 외 2021.

119 코로나 팬데믹 때도 비슷한 효과가 나타났다. 첫 번째 봉쇄 기간 동안 영국 사회심리학자들이 영국과 아일랜드의 시민 3000명을 대상으로 설문조사를 실시한 결과, 바이러스에 대해 두려움을 느끼는 사람일수록 다음과 같은 진술에 동의하는 경향이 높았다. "더 늦기 전에 낙태, 포르노, 이혼을 금하는 신의 뜻을 따라야 한다", "이민자들이 우리 문화를 잠식하고 있다", "우리나라는 규율을 필요로 한다" 등등. 이런 경향을 두고, 나이든 사람들이 주로 조사대상이 된 것이 아니냐고, 나이든 사람들이 젊은이들보다 더 건강에 신경을 쓰고 더 보수적이며 권위적이고 민족주의적으로 사고하는 게 아니냐고 이의를 제기할지도

모른다. 그러나 연구자들은 나이, 교육수준, 성별 같은 요인을 통계에 반영했고, 코로나19에 걸리지 않을까 하는 두려움과 권위주의적 세계관 사이에는 나이를 초월해 강한 상관관계가 있는 것으로 드러났다(Hartman 외 2021).

120 Van Prooijen, Douglas und De Inocencio 2018.

121 종교 활동이 인지의 기본 과정에 미치는 효과를 증명하는 문헌이 많이 있다. 다음을 참조하라. Good, Inzlicht und Larson 2015.

122 Arendt 2017.

123 Caplan 2011.

124 Fitzgerald 1945

3부 저항에 저항하는 법

1 Wolf-Pommrich 1956.

2 Institut für Demoskopie Allensbach 2008.

3 전자담배를 피우는 사람들도 포함된 통계치다. 다음을 참조하라. https://www.dhs.de/suechte/tabak/zahlen-daten-Fakten.

4 U. S. Department of Health and Human Services 2000.

5 Porter 1971.

6 A. M. Brandt 2009.

7 Andreas 2019.

8 Bernays 1969.

9 Bernays collection, Box 86, Folder 4 (1929 – 1930). R. Klein 1993; Lewine 1970.

10 O'Keefe und Pollay 1996.

11 Lickint 1930; Hoffman 1931.

12 U. S. Department of Health and Human Services 2000.

13 Marshall 2016.

14 Marshall 2016.

15 Marshall 2016.

16 Appiah 2011.

17 Ling und Glantz 2004.

18 Marshall 2016.

19 Monroe 1998.

20 »CBS-TV« 1978.

21 Pacheco 2012; 2013b.

22 Glantz und Balbach 2000.

23 Albers 외 2007; Hamilton, Biener und Brennan 2007; Pacheco 2012; 2013a; Larsen 2019.

24 Cutler und Glaeser 2006.

25 Blanc 2022.

26 Blanc 2022.

27 »Feuille du salut public« 1793.

28 《사회계약론》 서문.

29 Christakis und Fowler 2009.

30 Grossmann 외 2023.

31 Godwin 1798.

32 Lund 2012.

33 L. Gordon 2014.

34 Drescher 2009.

35 Davis 2006.

36 Osterhammel 2010.

37 Drescher 2002.

38 Taylor 2020.

39 http://museumcollections.hullcc.gov.uk/collections/search-results/display.php?irn=48586.

40 Davis 2006.

더 나은 미래는 어떻게 가능한가

1 https://library.fes.de/fulltext/historiker/00781a20.htm.

2 Trotzki 1976.

3 Klein 2021.

4 Eickelmann 외 2024; 2024.

5 Olbrisch 2024.

6 Henley 2020.

7 가령 Lessenski 2023.

8 Hertwig und Grüne-Yanoff 2017.

9 Nisbett 외 1987.

10 Ludolph und Schulz 2018; Aczel 외 2015; Yoon, Scopelliti und Morewedge 2021.

11 Morewedge 외 2015.

12 Kahneman, Sibony und Sunstein 2023.

13 Fong, Krantz und Nisbett 1986; Nisbett 외 1987; Gigerenzer und Selten 2002; Gigerenzer 2013.

14 Morewedge 외 2015; Sellier, Scopelliti und Morewedge 2019.

15 Vlasceanu 외 2024; Nisa 외 2019.

16 Abrahamse 2019; Allcott und Rogers 2014.

17 Pajula 외 2021.

18 Otto 외 2020.

19 Poore und Nemecek 2018.

20 Grossmann 외 2023.

21 Monbiot 2022.

22 Kanter 1977; Dahlerup 1988; Marwell und Oliver 1993; Centola 외 2018; Otto 외 2020.

23 Bollinger und Gillingham 2012; Noonan, Hsieh und Matisoff 2013; 2015; Palm 2017; Abrahamse 2019.

24 Murase und Hilbe 2024.

25 Fowler 2005; Christakis und Fowler 2010.

26 Saint-Exupery 2000.

27 Barnes 1993.

28 Rothman und Salovey 1997; Rothman 외 2006; Latimer 외 2008; Gallagher und Updegraff 2012.

29 Lunn 외 2020.

30 Sapolsky 1996.

31 요즘 '행복 연구'라는 이름하에 세계 각 지역의 사람들을 대상으로 주관적 행복감이 측정되는데, 결과는 늘 똑같다. 일정 수준의 소득에 도달하고 나면, 돈이 행복감을 높이는 효과는 미미해지며—효과가 있다 하더라도 아주 적다—그 이후에는 다른 요인들이 더 중요한 역할을 한다. 가족·친구와 보낼 수 있는

시간, 건강, 낮은 스트레스, 재능을 계발하고 흥미로운 경험을 할 수 있는 기회 등이 그런 요인들이다. 다음 책을 참조하라. Siehe Klein 2014, 2019.

32 아이슬란드에서 주4일제 근무를 도입한 실험이 그 한 가지 예다(Villegas und Knowles 2021). 주4일제를 실시한 결과, 피고용자의 생산성과 만족도가 뚜렷이 높아졌고, 심신의 건강도 개선된 것으로 나타났다. 시범적으로 실시한 결과가 성공적이었으므로, 현재는 아이슬란드 전체 피고용자의 85퍼센트 이상이 주4일제 근무를 하고 있다. 주4일제 근무로 인해 개인의 탄소 발자국도 최소 20퍼센트 감축되었다. Chiu 2022; Knight, Rosa und Schor 2013.

33 사회과학자들은 이런 현상을 "이중의 보너스"라고 부른다. 유럽과 미국뿐 아니라 중국, 인도, 남아프리카공화국, 베트남의 여러 대규모 연구에서 공통적으로 확인된 바 있다. Jackson 2005; Zawadzki, Steg und Bouman 2020; Schmitt 외 2018; Capstick 외 2022; Nguyen 외 2024; Blackburn 외 2024; Schmitt 외 2018.

34 Havel 1990.

옮긴이 유영미

연세대학교 독어독문학과와 동 대학원을 졸업한 뒤 전문번역가로 활동하고 있다. 2001년 과학기술부 인증 '우수과학도서 번역상'을 수상했다. 《왜 세계의 절반은 굶주리는가》, 《창조적 사고의 놀라운 역사》, 《불확실한 날들의 철학》, 《부분과 전체》, 《제정신이라는 착각》 등 인문, 과학, 문학 분야의 많은 책을 우리말로 옮겼다.

뇌는 어떻게 변화를 거부하는가

초판 1쇄 발행 2026년 1월 28일
초판 3쇄 발행 2026년 2월 27일

지은이 슈테판 클라인
옮긴이 유영미
발행인 김형보
편집 최윤경, 강태영, 임재희, 홍민기, 강민영, 박지연, 김아영
마케팅 이연실, 김보미, 김민경, 고가빈 **디자인** 김지은, 박현민 **경영지원** 최윤영, 유현

발행처 어크로스출판그룹(주)
출판신고 2018년 12월 20일 제 2018-000339호
주소 서울시 마포구 동교로 109-6
전화 070-5080-4037(편집) 070-8724-5877(영업) **팩스** 02-6085-7676
이메일 across@acrossbook.com **홈페이지** www.acrossbook.com

ISBN 979-11-6774-265-0 03000

만든 사람들

편집 최윤경 **교정** 고아라 **디자인** 박현민 **조판** 박은진